66个细节教出负责任的孩子

责任感培养必读书

寿长华◎编著

修订版
REVISED EDITION

中国华侨出版社

图书在版编目(CIP)数据

66个细节教出负责任的孩子 / 寿长华编著.—北京：中国华侨出版社,2011.7(2015.7 重印)

ISBN 978-7-5113-1557-1-01

Ⅰ.①6… Ⅱ.①寿… Ⅲ.①家庭教育②少年儿童-责任感-培养 Ⅳ.G78

中国版本图书馆 CIP 数据核字(2011)第 122971 号

66个细节教出负责任的孩子

编　　著 /	寿长华
责任编辑 /	严晓慧
责任校对 /	王京燕
经　　销 /	新华书店
开　　本 /	787×1092毫米　1/16 开　印张/16　字数/239 千字
印　　刷 /	北京建泰印刷有限公司
版　　次 /	2011 年 8 月第 1 版　2015 年 7 月第 2 次印刷
书　　号 /	ISBN 978-7-5113-1557-1-01
定　　价 /	29.00 元

中国华侨出版社　北京市朝阳区静安里 26 号通成达大厦 3 层　邮编：100028

法律顾问：陈鹰律师事务所

编辑部：(010)64443056　　64443979

发行部：(010)64443051　传真：(010)64439708

网址：www.oveaschin.com

E-mail：oveaschin@sina.com

前　言

随着社会竞争的日趋激烈,当今社会对人才综合素质的要求越来越高。父母应该更新教育观念,把人文教育、责任感教育放到比知识教育更重要的位置上,这样的教育才是有效的、有益的、完善的教育。一个对社会真正有用的人才,应该首先是一个富有社会责任感的人。因此要教育孩子学会负责、学会关心、学会合作、学会奋斗,引导孩子形成健全的人格。

生活中,我们可以经常见到孩子缺乏责任感的表现。在家里,孩子对父母的期望熟视无睹,缺乏对家庭的责任感;在学校,经常违反纪律,损害班集体的荣誉,缺乏对班集体的责任感;在社会,缺乏对社会的责任感。

未来社会,竞争日益激烈,对人才的要求越来越高。而现在多数孩子是独生子女,由于父母的过分溺爱,孩子养成了依赖性强、意志薄弱的性格,缺乏竞争意识和责任感。因此,责任感的培养要引起我们的关注。只有具有高度责任感的人才能主动承担起对家庭、对社会的责任。同时,具有责任感是做人应有的良好品质,一个有责任感的人就能对自己的言行负责,对他人、对社会、对集体承担责任。研究表明,孩童阶段是责任心形成和发展的关键时期,无论学校、家庭、社会都应重视对孩子进行责任意识的培养。孩子的大部分时间是在家庭和学校度过的,因此,孩子责任感的培养,既是家庭教育的重要内容,又是学校教育的重要内容。

责任感是一个人对他所承担的任务的自觉态度,包括对自己的责任、对他人的责任、对集体的责任和对社会的责任。

一个人的责任心有多大,撑起的天空就有多大。可以说,没有责任心的人,既不能成就自己的事业,也得不到社会的承认和感情的回报。任何一个没有责任感、没有价值感的孩子,都会因为找不到自己生命在社会中的地位和作用而感到迷惘,进而失去可以创造未来的动力。

责任感是孩子能力发展的催化剂。"责任感"是一种特殊的营养,可以帮助孩子慢慢长大,使孩子知道自己该做什么,怎么去做。

对自己有责任感的孩子,自觉性强,让家长省心;对他人有责任感的孩子,亲善行为多,让家长宽心;对集体和社会有责任感的孩子,人小志气大,让家长放心。有责任感的孩子自觉、自爱、自立、自强。

可见,从小培养孩子的责任心有助于孩子心灵的净化,学业的不断进步。只有从小培养孩子的责任心,孩子长大后才能在激烈的竞争中脱颖而出,才能激发孩子的拼搏精神和进取精神;只有从小培养他们的责任心,才有利于孩子今后的发展。

因此,要想让你的孩子将来能够立足于社会,能够做一番大事业,就应该从小培养孩子的责任感,让孩子从小就承担一定的责任,让孩子做到对自己负责、对他人负责,将来对家庭负责、对社会负责。

父母是孩子的第一任启蒙老师,家庭是孩子的第一所学校,在培养孩子责任心方面,为人父母者的责任是义不容辞的。众所周知,父母对孩子的爱是无私的,他们宁愿苦了自己,也要给孩子最好的环境,最好的生活。望子成龙,望女成凤是每个父母的美好期望。但是,父母在为孩子撑起一片天的时候,更应该重视孩子责任心的培养,把责任还给孩子。

目 录

总论

孩子的责任心有多大，撑起的天空就有多大

父母是孩子的启蒙老师，家庭是孩子的第一所学校。在培养孩子的责任心方面，为人父母者的责任是义不容辞的。众所周知，父母对孩子的爱是无私的，他们宁愿苦了自己，也要给孩子最好的环境，最好的生活。望子成龙，望女成凤是每个父母的美好期望。但是，父母在为孩子撑起一片天的时候，更应该重视对孩子责任心的培养。

第一章

让孩子做到自己的事情自己做

做父母的都希望自己的儿女能健康成长，长大以后能够成才。可是，当你望子成龙的时候，可曾想到让孩子做到自己的事情自己做的重要性呢？我们应当从科学教育孩子的高度来认识这个问题。

第二章
让孩子学会自己管理自己

学会自我管理,是对生存和发展持有的一种积极主动的态度。对自己的生活负责,就等于掌握了开启通向世界大门的金钥匙。

孩子的自我管理能力不是天生的,需要后天的培养和锻炼,父母要从孩子日常生活的点点滴滴开始,给孩子锻炼自我管理能力的机会。

第三章

让孩子做事有始有终，负责到底

良好的责任感是要靠坚强的意志力和持之以恒的态度来维持的，而这恰恰是许多孩子所缺失的。孩子的好奇心很强，兴趣爱好也很广泛，但是缺乏耐性和自制力，遇到一点困难和挫折就容易打退堂鼓，不愿意再坚持下去。这是孩子在成长中的问题，为了增强孩子的责任感，家长平时就应当注意培养孩子做事有始有终、负责到底的良好习惯。

第四章

让孩子学会为自己的过失买单

责任心的培养要通过孩子自身的实践体验,让孩子自己承担失责的后果,使得他们懂得责任的重要性,在检讨中破解解决难题的密码。

不经一堑不长一智。一般来说,当孩子有了过失的时候,恰好是教育的良机,因为内疚和不安,使得孩子急于求助,而此时明白的道理容易刻骨铭心。

第五章

培养孩子输得起的心态

人非圣贤，孰能无过？家长要允许孩子失败，正确对待孩子的失败。当孩子在独立做事的过程中遇到困难时，家长的批评和嘲讽就成了熄灭孩子火热干劲的冷水，而过分的严厉态度则会使孩子产生胆怯心理，永远畏缩不前，再也不敢去做必须承担责任的事情了。

第六章

在平等教育中培养有担当的孩子

在传统的家庭观念中,父母是孩子眼中的"权威",父母的话对孩子来说就是命令,只有听父母的话才是好孩子。但是,在融洽的家庭关系中,孩子和父母应该是平等的,这种平等不仅仅是指形式上的平等,更是实质上的平等。

第七章

在集体生活中培养有社会责任感的孩子

联合国教科文组织强调 21 世纪的教育要倡导"全球合作的精神"。培养孩子的责任感也应该从自我的小圈子里跳出来,到更广阔的天地里去磨炼,孩子才可能会成为一个大器之才。

总 论
孩子的责任心有多大,撑起的天空就有多大

父母是孩子的启蒙老师,家庭是孩子的第一所学校。在培养孩子的责任心方面,为人父母者的责任是义不容辞的。众所周知,父母对孩子的爱是无私的,他们宁愿苦了自己,也要给孩子最好的环境,最好的生活。望子成龙,望女成凤是每个父母的美好期望。但是,父母在为孩子撑起一片天的时候,更应该重视对孩子责任心的培养。

责任感，是孩子在社会生活中
所必需的品格

我们经常说"负责任"，那么到底什么是责任感呢？

所谓责任，是你的行为关系到他人的利益，事情的结果不论好坏你都要承担。一个人对自己的责任感将规范他的行为，指导他的行动，就好似在他心里的一位"警察"，我们教育的目的就是要让孩子的内心有这样一个警察，可以对他自己进行监督。责任感和主动性是连体的，一个人如果被赋予了责任，就有了价值感，有了主动性。

责任感是一个人生命的纤绳。有了责任感，人们才会把自己的生命与别人的生命联系起来，才会产生自我价值感，才能在人生路上取得更大的成功。一个没有责任感、没有价值感的孩子，因为找不到自己的生命在社会中的地位和重要性，便会感到迷惘，因而失去创造成就的动力，而容易为其他一些轻浮的事物所吸引，沉溺其中，平庸地混过一生而一事无成。

对于如何培养孩子的责任感问题，一位成功企业家曾感慨地说：父母如果经常替孩子做他们力所能及的事，就会让孩子失去实践的机会，会让孩子失去应有的自信和勇气，更会使孩子感到危机。我们必须培养孩子的独立性，超常的、过分的爱及给予，引起的负效应是危险的——无疑是告诉孩子"可以依赖父母"，这样培养出来的孩子难以有所作为。

责任感，是一个人的基本素质，是今后他对社会、对家庭的价值体现。可以说，没有责任感的人，既不能成就自己的事业，也得不到社会的承认和感情的回报，所以我们应格外重视对孩子责任感的培养。

一个国家的国民有了责任感，这个国家定能强大；一个家庭的成员有了责任感，这个家庭就能幸福；一个人有了责任感，他不仅会因为品格的高尚得到

社会的尊重与承认,也会因为自己的尽职尽责而享受心灵的安宁,得到自己的幸福。

在高科技产业密集的北京,有一家科技发展有限公司,每逢星期日早晨9点左右,一个身材瘦削、面带稚气的小小少年便来到公司,坐在副总工程师的座位上,开始了一天紧张有序的工作。这个孩子姓邓名迷,是一名中学生,他当上副总工程师那一年只有13岁。

一个孩子,担任如此要职,一时间成了引人注目的新鲜事。对此,邓迷的父亲邓和平是这样解释的:"邓迷就任此职,是经过严格考核的,邓迷有今天,是因为他自己付出了艰辛努力,更有学校、家庭、社会的帮助,总之,他不是神童;作为家长,我和他母亲只是想给孩子一个锻炼和展示才能的机会,并不是现在就要他就业,他需要长期、正规的学习,他的主要课堂在学校。"

邓迷从小就是个爱动、好奇心强的小淘气。两岁左右,他对家里"会响的,能走的"东西产生了兴趣,于是,好端端一个收音机、一台小闹钟被他拆得七零八落。儿子上小学二年级时,邓和平开始开发研制一种医疗仪器。爸爸在忙碌的时候,小迷总爱在一旁凑热闹。邓和平也就有意无意地培养儿子的兴趣,时不时让他递个零件,拿个螺丝刀,并且耐心地告诉他,这是二极管,那是三极管,这一块是电阻,那一块是电路板。邓和平还教儿子一些针灸穴位,讲解自己发明的仪器的工作原理。这涉及到许多有关物理、化学、生物学的知识,有许多是邓迷尚未学过的、不懂的。邓迷对知识渴求的欲望被极大地激发了,他很早就进入奥林匹克学校,从小学一年级就开始学习电脑,三年级开始接受正规的电脑培训,很快他就可以进行电脑高级程序的编排了。有一天,邓迷向爸爸提出:"我能不能和你一起干?"邓和平当即表示同意。但当儿子提出要当副总工程师时,这一次邓和平没有立即回答。经过深思熟虑后,他对儿子说:"我可以答应你的要求,但你首先要干出成绩并通过考核。"

面对爸爸的严格要求,邓迷交了合格的答卷。在邓和平主持的国家级新产品的研制过程中,儿子提出的一些好建议都被父亲采纳了,如将旋钮控制改为按键控制;变手动操作为程序自动控制;改进外形、增强美感,等等。

邓家经常开家庭会，对某件事的看法，谁对听谁的。有时父母故意犯下一点错误，让孩子指出，父母立刻改正。有错就改，无形中给邓迷起到了表率作用。当他自己有错时，爸爸、妈妈指出来，他也能乐于接受。

在公司经营上，当总经理的父亲与当副总工程师的儿子也有分歧，父亲认为产品应该先开拓医院的市场，再去普及，儿子则认为应该先推广。

孩子的建议，不一定适合市场，但可以参考。尽管做总经理的父亲否定了儿子的建议，但他还是用心听取的。

可以说，父亲的影响在孩子一生中起着至关重要的作用。在新的历史时期，社会需要更多的复合型人才，面对时代的挑战，我们应该如何做父亲？邓迷的父亲邓和平交的是一份合格的答卷。儿子成了公司的副总工程师，但邓和平的本意也只是想给他一个锻造责任感和展示才能的机会，这无疑是教育的一种手段。

一项调查显示，中小学生心中理想的父亲应该是：勇敢坚定，和蔼可亲；有现代意识，有责任感；他是我最好的朋友，他不一定有钱有势，但有让我值得骄傲和学习的东西……孩子们的期望其实已为当代父亲们提出了要求。

责任感的培养是从培养孩子们的自理能力开始的。多鼓励孩子做力所能及的事，学会对自己负责，自己穿脱衣服，搬自己的小椅子；再有，鼓励他们帮助大人拿碗筷，喝完酸奶将空盒放到垃圾筐里，等等。

培养孩子的独立意识，对于孩子今后的成长有至关重要的作用。他会在今后的成长过程中摆脱依赖心理，在工作中形成自己的风格，作出自己的决定。这样，孩子做事会更充满信心，不至于陷入孤独无望的境地。

为孩子们将来的社会生活，我们成人应该注重培养孩子的责任感和好习惯，这不仅是帮助他们准备了能力，更为他们准备了社会生活中必需的品格。

只有对自己的行为敢于负责，
才能成为自强自立的人

　　敢于负责的品质也需要在少年时期养成。有时孩子犯了过失，比如不小心打碎了人家的东西，该赔偿就得让他赔偿。这种做法不是害他，而正是培养孩子的责任感。久而久之，他对一些事情就敢于负责了。鼓励孩子勇敢地承担责任，应该让孩子知道，是由于自己的过错才造成了这种后果，自己应当给予赔偿。

　　哈佛留学生小明就遇到这样一件事。

　　小明第一次接触到"责任"的概念是小明小时候，爸爸妈妈带着他去一个朋友家玩，到了朋友家，大人们去聊天，小明就和爸爸朋友家的孩子一起玩。几个小孩子聚在一起很快就打成了一片。大家互相追逐着，正玩得热闹，小明一不小心把放在沙发旁边的一个热水瓶踢碎了。辛亏热水瓶里面没有多少水，所以正在玩耍的孩子才没有被烫着。爸爸妈妈看到小明这么不小心，在别人家里做客居然把主人家的热水瓶弄破了，刚要责备他几句，主人家的叔叔就马上过来安慰小明："没关系，没关系，孩子们玩起来弄破点东西，没什么大不了的。"

　　主人家是没有追究，但小明的爸爸妈妈觉得这并不是一件简单的事，踢碎热水瓶虽然是小事情，但是如果就这么轻易地让这件事情过去了，就会使小孩产生一种不好的印象：做错了事情也没什么的。久而久之，他就会养成一种不主动承担责任的坏毛病。

　　离开朋友家以后，爸爸妈妈没有直接回家，而是带着小明一起去买了一个热水瓶。"爸爸妈妈，我们买热水瓶干什么呀？""赔偿叔叔啊！""但是刚才那个叔叔不是说没事了吗，再说我也不是故意踢碎的，我们为什么还要赔偿他呢？"

　　"小明，一个人做错了事情就应该负责，即使是再小的事情。"从那个时候起，在小明的心目中，就有了"责任"的概念。久而久之，他就成了一个对自己的行为

5

勇于负责的人。

国外的老师、家长更强调这种责任教育。下面的故事发生在美国前总统里根身上。

当时，11岁的里根特别爱踢球。一次，他不小心把球踢到了邻居家的窗户上，玻璃稀里哗啦地落了一地。邻居闻声走出来，要里根赔偿12.5美元。当时，12.5美元是一个很大的数字，可以买125只生蛋的母鸡。

里根哪有12.5美元呀？于是，他只好回家去找爸爸。爸爸得知了事情的经过之后，让里根自己想办法。里根为难地说："爸爸，我确实没有12.5美元。"爸爸想了想，从兜里掏出12.5美元说："这笔钱我先借给你，你一年以后一定要还我。"里根郑重地点了点头。

从那以后，里根开始了艰苦的打工生活。经过半年的努力，他终于挣足了12.5美元，还给了父亲。

在《回忆录》中，里根解释说，正是通过这件事情，使他懂得了什么是责任，懂得了一个人要对他的行为负责，敢于负责是自立的表现。如果没有年少时的这种负责精神，大概后来他也不会当上美国总统。

用现代的教育理念，努力培养孩子的负责精神，让孩子都成为自强、自立的人。

父母的教育方式得法，
培养孩子责任感的愿望才能实现

孩子的独立意识必须从小养成，应让其在家庭日常生活中承担一定的力所能及的家务，甚至两岁的孩子也要让他懂得收拾自己的玩具、睡衣之类。而一个14岁左右的孩子应当成为有能力独立做大部分家务的帮手，如负责决定家庭菜

单和烹调、收拾与打扫房间及庭院,等等。假如父母过分地宽容、宠爱孩子,会把孩子变成懒惰、有依赖性的人,危害极大。

教育方式得法,教育的愿望才能实现。

第一位步入美国内阁的华裔女性赵小兰女士,堪称美国当今政坛上的新星。赵女士事业上的成功,用她自己的话说,很大程度上得益于孩童时父母给予的良好家教。

赵小兰出生于台湾,她的父亲赵锡成从事海运业,曾是台湾远洋船队中最年轻的船长。8岁时小兰和母亲、妹妹一同乘船到纽约与父亲团聚。当时,他们一家的生活相当艰难。全家挤住在纽约皇后区的一个公寓房间里。父亲要打3份工,母亲要操心全家人的衣食和照料几个年幼的孩子。

赵锡成通过努力,很快在航运财经界崭露头角。事业发展了,家庭生活也改善了,并且成为当地小有名气的人物。但是,富起来的赵父却仍然让孩子读平民化的公立高中。孩子在外面的花费不论多少都要拿收据回家报账。赵锡成说,这不是小气,而是要让孩子学会自立,学会在美国社会中生存,懂得怎样用钱并养成经济头脑。

小兰的成长不仅得益于父亲的教诲,也得益于母亲的言传身教。母亲朱木兰受过很好的教育,但是初到美国时,为了孩子,她毅然放弃工作机会,承担起养育3个孩子的责任。

随着赵锡成事业的发展,生活条件大大改观,家里还请了管家。但小兰的妈妈并没有因此让孩子们轻松下来,依然要求孩子自己洗衣服、整理床铺、打扫房间。

赵锡成夫妇还让孩子们也参与家务事的决策。如父母每周召开家庭会议,让孩子畅所欲言,谈收获,提计划,并让孩子分工负责来完成。

如果宴请客人,3个女儿全是"女招待",守在客人身后斟酒端菜。让孩子参加家务劳动,并各自有自己负责的事项。自己的房间和衣服、门前草坪上的杂草、游泳池,他们都是自己清理,甚至门口120英尺的柏油路,都由孩子们协力铺

成。作为母亲的朱木兰这样说："家园，家园，这个园地是一家人的，每个人都有责任。让孩子从小做家务，绝不是可有可无的小事情。它除了能锻炼孩子的动手能力，促进身体的协调发展外，还能使孩子养成务实的良好习惯，培养孩子的办事能力和团队精神，同时，也是增进家庭成员责任感和亲情的一种好方式。"朱木兰这段话很有见地，值得广大父母借鉴。

赵女士后来回忆说："当时我们不喜欢，但是如今想来，家务事对我的影响是学校所不可替代的。"

进入华盛顿高层圈以后的赵小兰，从总统到同事到媒体，对她的学识、修养、办事能力、团队精神，乃至她那既亲切又带有适度矜持的风度和东方式的雍容的气质，都给予了高度的评价，认为她能成为第一个进入美国内阁的华人绝非侥幸所致。老布什当年要夫人学学赵家的家教，也绝非客套之语。这一评价，更使美国人对中国人的家庭教育刮目相看。对于东方家教和西方家教孰优孰劣，赵小兰并不加以评论，她只是牢牢地记住父母为她所做的一切，并从亲情中获得极大的快乐。

人们常说"父母是孩子的一面镜子"、"父母是孩子永远读不完的一本书"。如果孩子生活在鼓励中，得到了一种力量，他便可以学会自信。

玛格丽特·撒切尔夫人，一个出身平民的女子，成为英国历史上第一位女首相，而且连续3次当选。她在重大国际、国内问题上，思路清晰，观点鲜明，立场强硬，做事果断，在相当长的一段时间里影响了整个英国乃至欧洲，被誉为欧洲政坛上的"铁娘子"。

谁能想到撒切尔夫人人生的成就都源于父亲培养起来的高度自信！而她的父亲竟是一个普普通通的小杂货店老板。

从小玛格丽特的父亲就对她要求很严。她10岁时就要在杂货店站柜台。在父亲看来，他给孩子安排的都是力所能及的事情，所以不允许女儿说"我干不了"或"太难了"的话，借此培养孩子独立的能力。

等到玛格丽特入学后，随着年龄的增长，她才惊讶地发现：她的同学有着比

自己更为自由和丰富的生活，劳动、学习之外的天地竟然如此广阔而多彩。她的同学可以与他们的朋友一起在街上游玩，可以做游戏，骑自行车。星期天，他们又去春意盎然的山坡上野餐，一切都是那么诱人，那么令人愉快。

毕竟是孩子，幼小的玛格丽特心里痒痒的，她幻想能有机会与同学们自由自在地玩耍。有一天，她回家鼓起勇气跟充满威严感的父亲说："爸爸，我也想去玩。"

父亲脸色一沉，说："你必须有自己的主见！不能因为你的朋友在做某件事情，你就也得去。你要自己决定你该怎么办，不要随波逐流。"

正是这样的家庭教育培养了玛格丽特的高度自信，独立不羁的个性使她常常有一种心理优越感。

玛格丽特所在的学校经常请人来校演讲，每次演讲结束，她总是第一个站起来大胆提问。不管她的问题是比较幼稚，还是比较尖锐，她总是充满好奇地脱口而出，一点儿也不怯场，而其他的女孩子则往往怯生生地不敢开口，她们只能面面相觑或抬眼望着天花板，或者用充满疑惑的目光看着玛格丽特。

回家后，玛格丽特向父亲汇报学校的情况，告诉他自己向老师提的问题时，父亲总是鼓励她："孩子，你有这样的信心，我真为你感到骄傲。你一定会成为一个出色的辩论家。"

可见，父母积极的教育态度，对孩子的影响是非常大的。

父母要以身立教，做好孩子的榜样

孩子的可塑性很强，模仿是他们的天性，孩子在生活的各种环境中，有对自己喜欢和崇拜的人进行模仿的心理倾向。

家长是孩子的启蒙老师，父母自身对家庭、对社会的责任感如何，对孩子来说是一面镜子，大人在日常生活的点滴行为都被孩子看在眼里、记在心上。而父母在孩子心目中一般都具有绝对的权威，所以父母的言行举止对孩子的影响是深远和巨大的，这种影响是潜移默化的。很难想象，一个对孩子、对长辈、对爱人、对家庭、对社会毫无责任感的家长，能够培养出具有很强责任心的孩子。

然而在现实生活中，有的家长在工作单位不好好工作，抓到机会就跑回家做家务、看电视等；有的家长缺少爱心，一遇到捐款、献爱心等公益活动就退避三舍，寻找种种借口为自己开脱；有的家长不孝敬自己的父母，孩子的爷爷奶奶生病住院了也不在医院看护，依旧与牌友在一起豪赌……父母的这些所作所为，孩子是看在眼里、记在心上的，长期的耳濡目染不由得孩子不受影响，不由得孩子不去效仿，这样的父母即使想教育孩子做事要有责任感，孩子也会很不服气，也会很不以为然。所以说，父母只有在生活中严以律己，给孩子做好表率，才能更好地去影响和教育孩子。

孩子是否负责任，父母影响是最重要的。

父母的言谈举止直接影响着孩子，为了教育孩子，父母应该特别注意自己的行为规范，不能把错误的、不良的习惯在不知不觉中传染给孩子。最重要的是父母要以身立教，万万不能一方面要求孩子有好的品行，另一方面自己却做反面教材。

一位妈妈带着10岁的孩子在车站等公共汽车。汽车一到，年轻的妈妈立即

推搡着孩子上去占座位。小家伙钻来钻去,顺利地占到了一个座位。可是妈妈上来一看,脸色顿时变得很难看。下车后,这位妈妈一路上不停地小声数落儿子,"光长个儿不长脑子"、"怎么就不会多个心眼",等等。孩子一脸茫然,不知道哪里做错了。原来妈妈在抱怨儿子只考虑自己,没有把书包放在前面的座位上,为妈妈抢一个座位。这位妈妈最后教训儿子说:"吃一堑,长一智。下次你该知道怎么做了吧?"

在这个竞争激烈的时代,父母用什么样的教育理念和教育思维来培养孩子,决定着孩子将来会成为什么样的人,决定着孩子未来是什么样的命运。

这是个非常重要的问题。人们说,野蛮产生野蛮,仁爱产生仁爱。现代社会对人的素质提出了越来越高的要求,不仅要有健康的身体、广博的知识和聪明的智能,更要有良好的人格、高尚的个性品质和较强的社会适应性。一个人是否具有爱心、同情心,是否善良,直接决定他对人、对事物的态度和行为,进而决定他在其他各方面的发展。

另外,特别需要指出的是,在培养孩子关心他人、待人友善的同时,要注意引导孩子感受其行为的积极结果,不要因为自己的友善行为有时得到的是消极结果,而使孩子产生"好心没好报"、"吃亏"、"窝囊"的感觉,否则,以后孩子就不愿意再这样做了。这时,父母要有意识地引导,积极肯定孩子的行为,并在同伴面前给予及时的表扬,让孩子知道他这样做父母喜欢,使其得到情感上的满足;同时,也不妨奖励奖励孩子。这样,孩子体验到积极行为的良好结果,其良好的行为才可能坚持下去。

从一定意义上讲,父母的责任感水平可以折射出孩子的责任感,一个负有责任感的父母,孩子也会表现出相应的积极的行为方式。难以想象,一个对家庭、对社会毫无责任感的父母,能给孩子正面教育?能培养出很有责任感的孩子?

因此,家长应努力做有责任感的好家长,要求孩子办到的事自己首先要做到;要为孩子做遵守诺言的榜样,无论做出什么许诺,都要尽可能地实现,如果

不能实现的话,一定要向孩子说明。反之,如果父母做事总是不守诺言,推卸责任,那么即使你给孩子再多的口头教导也不会起到任何作用。

如果父母欺骗孩子,被他们知道了,他们就不相信父母了。父母失掉了孩子的信任,其后果是不堪设想的。而且孩子也可能由此学会欺骗他人。

一位父亲在办公室自豪地说:"我的儿子将来一定很有出息,会成为一个大人物。"当大家问他"为什么"时,他说:"前天,我儿子偷吃了他妈妈做好的一盘鱼,怕被责骂,便把剩下的鱼和汤汁抹到了猫的嘴巴和胡须上。"

这样的父亲,对儿子的欺骗行为不但不加以教导,反倒沾沾自喜,是不可救药的,他儿子的欺骗行为说不定就是从他那里学来的。

电视上曾播出过这样一则公益广告:一个贤惠的儿媳,张罗着给婆婆洗脚;这一切被幼小的儿子看在眼里,他也效仿妈妈的样子,为妈妈打来了洗脚水。当"妈妈洗脚"的稚嫩之声传入我们的耳朵时,我们无不为这传神的一幕所打动——还有比这更生动的家庭教育吗?

因此,教育孩子,首先要教育自己;改变孩子,首先要改变自己。

对自己的生活负责,就等于掌握了开启通向世界大门的金钥匙,而这一切要从孩子日常生活的点点滴滴开始。

注意强化孩子积极的责任行为

人的责任感不是先天遗传的,是靠社会的后天培养和教育逐步形成的。这个培育过程自婴儿时期起贯穿其一生。孩子从迈进小学直至青春期,这是一步步离开父母的庇护走向自主自立的阶段,社会心理学称之为具体操作与形式操作的时期。这期间,孩子智力因素和非智力因素都在迅猛地发展着,他们已开始独立自觉地去思维,而且在心里对事物有了一定的判断和识别能力,有了一定的

是非观念。这个阶段是对孩子进行品行培养的最重要阶段，也就是培养责任意识的最重要阶段。

常听不少家长抱怨：平时自己对孩子照顾得无微不至，而自己病了，孩子却连倒一杯水都想不到，实在令人伤心。为什么现在许多孩子都缺乏责任感呢？

很多父母没有想到，在关心、保护孩子的同时，孩子也是需要学会负责任的。在父母的包办代替和过度呵护下，孩子自身的责任意识就被逐渐淡化或抹杀了。他们享受着所有的一切，自我意识慢慢增强，处处都以自我为中心，对周围的人和事漠不关心，缺乏热心，这是缺乏基本的责任感的体现。因此，必须从小培养孩子的责任意识，让孩子知道自己对自己、对家庭、对社会的责任。

有的孩子在校除了对学习还有点进取心外，对其他事情都是不管不问，连值日扫地也极不负责，应付了事，总是要其他同学帮他收"尾巴"。

其实，也有不少孩子虽然即将小学毕业，但做事还是虎头蛇尾，学习自觉性、耐劳性差；对成绩优劣无所谓，对爸妈态度恶劣、喜怒无常……为什么这些孩子有这些不尽如人意的表现呢？原因是多方面的。比如，自觉性还没有很好地形成、自制力比较差、坚持性不够等。然而，只要家长再深究原因就会发现，孩子自身还缺乏一样很重要的东西，那就是责任感。

日常生活中常常见到这样的现象："妈妈，我的作业本呢？""你自己的东西，你应该知道在哪里！""我不知道！"然后，孩子坐在那里不动，妈妈开始团团转着去寻找作业本。一个"不知道"，孩子便心安理得地把责任推掉了。也常听到一些父母叹息说："我那孩子做事总是有头无尾，马马虎虎，真拿他没办法！"而他们却不明白，孩子的这种坏习惯往往正是自幼在父母无微不至的包办代替中养成的。

许多小学教师为学生的草率马虎、漫不经心伤透了脑筋，只好规定作业本必须经家长检查签名。无论老师们对孩子负责的本意多么强烈，但实际上是把孩子对自己的学习应有的责任意识部分地转移给了家长，客观上造成孩子依赖家长的监督而愈加漫不经心。

　　培养孩子的责任感，应从日常小事做起。按孩子的年龄和能力，提出具体的要求，定出可行的计划，并且要持之以恒地督促和要求。许多教育失败的原因，就在于家长没有坚持要求。如让低年级的学生自己整理书包，准备衣物、用品；让孩子自己制定时间表，学会按时完成作业，分担固定的家务劳动，使他们能逐步学会约束和管理自己等。如果孩子一次又一次地不知自己的红领巾的去向，家长就没有必要替他翻箱倒柜，可以让他独自去承担他的漫不经心所造成的后果。

　　而在孩子完成一件事后，要给予公正的评价和鼓励。当孩子满手油污地做完一顿饭，也许会把油洒了一地，也许青菜没有洗就下了锅，但妈妈应称赞他："饭菜做得挺香！"使他相信自己有能力承担，有责任承担，只要努力去做就能做好。同时，家长还要教给他今后应该怎样做就会更好，使他既看到自己潜在的能力，又看到不足之处，以利于帮助孩子养成积极、认真、严谨的生活、学习习惯。

　　责任心的培养，不仅要靠口头的理论说教，有许多时候，它是在不知不觉的潜移默化中形成的。家长可以时常有意识地与孩子谈谈自己的工作，把自己完成一项任务、克服一个困难后的愉快和成就感传达给孩子，使孩子能具体地感觉责任意识在生活中的重要性，认识到责任固然带来某种压力，但人总是在压力中前进的，使他们形成一种良好的品行习惯。

　　家长要传达给孩子这样的信念：学习好是应该的，是自己分内的责任。反对那种孩子得多少分就给多少钱，或以物质奖励换取孩子努力读书的教育方式，这种教育方式会从根本上毁灭孩子的责任意识，毒害幼小的心灵，使孩子成为只知索取不知责任和奉献的人。

　　孩子的责任感是在日常生活中逐渐培养出来的，它需要我们细心呵护、耐心指导。

　　责任产生、发展的过程正是培养孩子责任感的重要时期，唯一可行的方法就是让孩子独立去做力所能及的事。一个人只有摆脱依赖才能意识到责任，只有独立才能主动承担责任。当我们让孩子独立去做他们力所能及的事情时，他

们都表现得非常兴奋,会小心翼翼地端碗拿筷,会认真地擦净桌椅。

在反复体验成就感的过程中,自信的种子就在孩子幼小的心灵中逐渐生根发芽,并逐渐形成牢固的个人品质。孩子在独立完成某事的过程中,逐渐学会客观地认识事物,同时客观地认识自己。逐渐意识到什么事是他们能够把握的,什么事是不以他们的意志为转移的。

注意强化积极的责任行为是培养小学生责任心的一条重要途径,也是家长们的唯一选择。

第一章
让孩子做到自己的事情自己做

做父母的都希望自己的儿女能健康成长，长大以后能够成才。可是，当你望子成龙的时候，可曾想到让孩子做到自己的事情自己做的重要性呢？我们应当从科学教育孩子的高度来认识这个问题。

细节 ①

责任感的培养首先要从孩子自己的事情做起

身边故事

下午放学后,李南做完作业了,在院子里用两只凳子挂着皮筋在跳。该吃晚饭了,她取下皮筋去吃饭,而两只凳子还在原地放着。妈妈坐在饭桌前,对她说:"你还有一件事没做好。到院子里看看去!"

李南出去一下回来说:"哪有事呀?"妈妈说:"凳子原来就在那儿吗?天黑时绊倒人怎么办?"李南一听,羞愧地将凳子放回原处。

专家解析

晚上,小宁要睡觉了,他往床上一躺,大声地喊:"妈妈,快帮我盖被子,再帮我整理好书包!"

爸爸来到床前,对小宁说:"你长大了,自己的事情该自己做。"

"为什么呢?"小宁问。

"爸爸讲个故事给你听。从前,森林里有只小猴,什么事情都得依靠父母,饭来张口,衣来伸手。时间一长,它的嘴巴越来越大,手脚却越来越小,还不听使唤。后来,小猴的父母老了,它的兄弟姐妹都能独立生活了,可小猴什么本领都没有。"爸爸说到这里停住了。

"结果呢?"小宁问。

"你还是自己去想吧,晚安!"爸爸起身出去了。

小宁自己盖好被子，好久睡不着，自言自语地说："我不要变成大嘴巴，我不要长成一双小小的手，我要……"

对自己的事情负责是建立整个责任感的基础。在教育的基础上进行实践，在实践的过程中渗透责任感的教育，学生就能做到从自我做起，对自己的生活、学习和工作负责，如自己收拾自己的房间，自己整理书包和学习用品，按时完成老师布置的作业，对于老师和家长交给的任务自己记住并认真完成，答应别人的事尽自己所能地去完成，等等。尽管这些事情看起来微不足道，但学生能有意识地加以注意这些事，会发展和提高自己的责任意识和责任感。

培养孩子责任感的教育不能仅靠说教，要通过每个细节调动孩子的积极性。因此要特别注重让孩子参加实践，让孩子在做中学，在做中提高责任意识。家长可以有意识地把各种劳动任务分配给孩子，让孩子有事可做，做事有责任感，从而养成责任行为习惯。教育孩子自己的事情自己做，并且要做好，要对事情负责。

比如让孩子自己整理书包、抽屉、书柜。书包做到表面清洁内无杂物；抽屉左边放文具，右边放书本；书柜里的书摆放整齐，从小到大依次摆放，有条理性。同时要求孩子在家写完作业后自己整理文具、书桌、书包；早上起床自己叠被子，自己穿衣服；自己的房间自己打扫……总之，责任感的培养首先要从孩子自己的事情做起，将责任感落实到责任行为习惯上。

▶ 心海导航

从孩子背起书包上学那天起，就从一个幼儿园的小朋友变成一名小学生了，对于孩子本身，也就有了一个当学生的责任——自己的事情自己做。

一群美国中小学生利用假期到中国生活了几天，他们吃住在中国人家里。戴瑞是最小的一个，刚刚 11 岁，她给中国学生印象最深的是那个与她年龄不大相称的大背包。一天，游天坛公园时，同行的一名中国学生想助人为乐，便走过去对戴瑞说："我帮你背包吧！"不料戴瑞睁大双眼，疑惑不解但又彬彬有礼地说："谢谢你！自己的东西应该自己拿呀！"其实戴瑞的父母和兄长就在她身边，而且他们各自背的包要轻得多。一位中国记者问戴瑞："外出都是自己拿东西吗？"她

微微一笑点点头。这天,她背着足足有五公斤重的包,但仍玩得很开心。

而中国女孩在这方面就欠缺一些,李甜甜上小学四年级了,也是 11 岁。

冬天的早晨,雪下得很大。李甜甜坐在路边草坪的护栏上,伸着腿,又着腰,指着马路上正在为她叫的士的爸爸喊着:"爸爸,你能不能快一点!你要是还叫不着车,我迟到了怎么办!"只见她那可怜的爸爸,一只手抱着女儿的书包,一只手不停地挥动,满头大汗,不停地跑前跑后……

上学究竟是谁的事?迟到了应该由谁负责?

自己的事情能不能自己做,怎么承担自己应该承担的责任呢?

让孩子知道:

如果你是一个有责任感的人,你会明白,上学是自己的事,爸爸妈妈没有义务替你包办一切。每天早晨闹钟一响,你就应该马上起床,再困也要起来,准时去上学。遇到刮风或雨雪天气,你就应该提早起床,早一点出家门,坐不上车,走也要走到学校,绝不能迟到。这一切,你不能依赖爸爸妈妈,把责任推给爸爸妈妈,因为你应该知道"我是学生,上学是我的责任"。

如果你是一个有责任感的人,自己的事一定会自己做,不让大人代劳。你自己的书包、书籍、玩具等物品自己整理,自己的房间自己打扫,自己的被褥自己收拾。你应该常常对要帮忙的妈妈说:"这是我自己的事,我自己来!"

如果你是一个有责任感的人,一定会在家中设立自己的劳动岗位,如洗碗、扫地、拖地板、取牛奶……即使父母为了让你多一点时间学习,对你说:"你去念书吧,家里的活儿不用你干。"你也应该坚持说:"我是家里的一员,干家务也有我的一份责任。"

父母必读

※ 对应当由孩子自己做的事,家长必须给孩子一个明确的要求和范围。

※ 要求孩子用完东西放回原处,玩完玩具要收拾好;答应别人的事要努力做到,不能说话不算数。

※ 凡是孩子自己做的事,要让他负责任地做完,不能让别人来替他收尾;做错了事情不要逃避责任,要勇于承担责任和弥补过失。

※ 家长要注意的是:只有通过实践、体验,才能提高孩子的责任意识;事事由家长包办代替,替孩子承担责任,只能承担一时,无法为孩子负一辈子的责任。

细节②

培养孩子的责任感要从小·事做起

身边故事

杰克 8 岁,利用课余时间打工已经一年多了,这天,他打电话给陈太太说:"您需不需要割草?"

陈太太回答说:"不需要了,我已有了割草工。"

杰克又说:"我会帮您拔掉花丛中的杂草。"

陈太太回答:"我的割草工也做了。"

杰克又说:"我会帮您把草地与道边四周的草割齐。"

陈太太说:"我请的那人也已做了,谢谢你,我不需要新的割草工人。"

杰克便挂了电话,这时杰克的爸爸问他说:"你不就是在陈太太那割草打工吗?为什么还要打这电话?"

杰克说:"爸爸你说过,这是我的工作,我的责任是让我的雇主满意,我打这个电话,是想知道我还有哪些不足之处。"

爸爸冲他竖起大拇指:"好样的,杰克,爸爸因你而骄傲。"

专家解析

7岁的源源端坐在电视机旁，一杯热气腾腾的牛奶、刚买来的面包就放在他手边，妈妈站在旁边等待源源吃饭。"妈妈，这么烫的牛奶怎么喝？"源源显然以一种责怪的口气在说。妈妈赶忙端起牛奶使劲吹让牛奶降温。"妈妈，我的鞋带松开了！"孩子又叫喊，于是，妈妈马上放下手上的牛奶杯，蹲下来给孩子系鞋带……

源源难道真的不会喝奶、没有系鞋带的能力吗？自己力所能及的事情真不能解决吗？ 显而易见，源源刚刚发展起来的责任感被妈妈的保护伞——溺爱——阻挡住了。以上情景在现代独生子女家庭中屡见不鲜。有的家长认为：孩子毕竟是孩子，还小，树大自然直，长大了自然就行了。因为是独生子女，父母将所有的爱都倾注在他们身上，对孩子娇生惯养，百依百顺，舍不得放手，事无巨细都替孩子安排得妥妥当当。对孩子能够做的事情，能够处理的问题，父母也大包大揽，予以代劳。正是在家长的这种全包之下，孩子自身无任何责任而言，久而久之，其责任意识就逐渐被抹杀或退化了。岂不知，孩子的责任感是应该从小培养的。很难想象缺乏责任感的孩子长大后能体谅父母，关心他人。

一个猎人打猎时捡了几只刚出生不久的小狮子，就把它们带回家中精心喂养。这几只小狮子慢慢长大了，它们生活无忧无虑，有吃有喝，自在幸福。当然，它们都被关在笼子里，猎人给它们设计的笼子也是温暖而舒适的。没想到，一不小心，一只小狮子从笼子里跑了出去，猎人到处寻找也没有找到；而其他几只继续受着猎人的保护。

一天，那个猎人外出打猎后再也没有回来，习惯了被喂养和保护的小狮子们最后被活活饿死了。而那只当年跑出去的小狮子呢？它已经变成了一只真正的雄狮。它独自在野外时，饿了自己找食吃，渴了自己找水喝，有了伤，它学会了用舌头舔伤口，遇到敌人，它知道怎样保护自己。正是这种独立的、不依靠别人的习惯，使它在大自然的环境里顺利地活了下来。

因此,为了孩子的未来,让他们从小养成独立生活的习惯,是父母的首要任务,也是孩子真正成长为一个大人所必须具备的素质。

心海导航

已经上二年级的建建很聪明,但妈妈最头痛的是他不爱读书,而且没有什么责任感。

这天,建建同往常一样回到家。一家人在吃饭的时候,妈妈突然想起一个念头来——何不让孩子当我的老师呢,说不定还能培养建建的责任感。

吃完饭后,做完了家务,妈妈检查建建的作业。妈妈发现他的拼音错了不少,就让他去当一下爸爸的老师,让他一遍一遍地教爸爸读。以前建建对读拼音十分反感,可现在教爸爸读拼音,他一直不厌其烦地读,到要睡觉的时候才想起来:"妈妈,我忘看电视了!"

妈妈一看儿子的认真劲儿,不由偷着乐,决定再让建建当自己的老师,培养他读书的兴趣和习惯。于是妈妈对建建说:"儿子,你这么聪明,教妈妈英语好不好?"

建建说:"不行,我又懂得不多!"

妈妈鼓励他说:"行的,儿子。在学校,老师教你什么,你回家就教妈妈什么,妈妈保证能学会。儿子老师,不相信你的妈妈啊?"建建一听,快乐地答应了。

就这样,每天妈妈都跟建建读半个小时的英语,建建越教越认真,因为要回家教妈妈,所以在学校里上课也变得十分认真了。一学期下来,建建终于养成了一回家就读书的好习惯,而且每门功课成绩都为优秀……

责任感是一种非常重要的素质,是做一个优秀的人所必需的。

现在有些父母不太重视培养孩子的责任感,当孩子遇到一些事情的时候,父母总想替孩子完成,希望能为孩子留出更多的时间去学习,甚至还会有意无意地扼杀孩子的责任感。

培养孩子的责任感,不是说孩子只应对大事负责,而小事就无关大体。事实上,不能做小事的人也成就不了大事业。俗话说:"一屋不扫何以扫天下。"孩子责任感的养成有个渐进的过程,应从小开始培养,从小事做起。父母不能有等孩子长

大再说的思想,如果失去了从小培养的机会,孩子长大了也不可能突然具有对人对事的责任感。

父母必读

※ 教育孩子,应该从整理玩具、收拾书籍、吃饭、穿衣、系鞋带、睡觉、看电视等日常琐碎的小事入手,每件事只要孩子能够自己做,就必须让孩子亲自去做。

※ 不要认为孩子做事慢、做得不好而不让他做,否则他永远也不会做好。

※ 碰到孩子不想做事的情况,父母不要强制或武断地认为就是孩子想偷懒,每个人都会有各种各样的情绪冲突体验,不同时期对自我的认定也会有差异。做父母的应善于观察、理解孩子的需要,要通过对话解决争端,让孩子有一个积极的心态,乐于去做事。这样做事才能取得应有的成效,也才能帮助孩子树立克服困难的勇气和决心,从而磨炼孩子的意志。

※ 父母应在尊重孩子选择的基础上,通过协商,引导孩子分步骤解决不同需要的问题,可以根据事情的轻重缓急,也可以根据事情发生的先后顺序,或者根据孩子的能力大小,逐步地解决问题。这样不仅可以培养孩子的责任感,而且可以提高孩子办事的能力。

细节③

培养孩子的责任感要注意方式方法

身边故事

刚进入小学一年级的炎炎想拥有一双溜冰鞋,于是在晚饭时对爸爸提出了自己的要求。一直想培养炎炎在家里负起点责任的爸爸暗喜机会来了:他提出炎炎必须为全家人擦皮鞋一个月，才可以买。炎炎爽快地答应了。从这天开始，每天晚饭后炎炎就坐在房门口，卖力地擦拭爸爸、妈妈和自己的鞋子。看着炎炎如此乖巧，第三个星期的周末爸爸就提前兑现了诺言，和炎炎一起买回了他早就向往的溜冰鞋。结果两天后，炎炎说什么也不愿继续他的"工作"了。

↘ 专家解析

小雄总是乱丢图书和玩具，为这事不知挨过妈妈的多少数落。这天，7岁的小雄再也无法忍受妈妈的唠叨，开始反击："我丢的东西我自己整理，只求您别再唠叨了。"小雄花了一个下午整理他的房间，成效斐然。然而，当他重新要找故事书、找拼图时，却大动肝火：什么都找不着。看着儿子整理能力如此低下，妈妈叹了口气：所有的图书混放在书柜里，大大小小的拼图和积木一起倒进了玩具筐，当然不好找了。唉，还是我来吧……几天后，小雄乱丢东西的毛病又发作了，因为他知道背后有个"整理义工"嘛。

父母希望从做家务小事起步，培养孩子的责任意识和劳动观念；而且孩子也饶有兴致地去做，只是结果并不理想。是孩子天生三分钟热度，难以养成自我服务和服务家人的习惯，不能将责任进行到底吗？

不是。将孩子的责任意识半途扼杀的，其实是父母，是父母越俎代庖的"积极性"！是父母没有将设立的原则推行到底。

做家务对孩子来说往往不过是一种新游戏，所以要很新鲜有趣才行。很多小孩子刚开始的时候会非常兴奋地帮忙整理玩具，帮妈妈摆餐桌、扫地、倒垃圾，但一旦他们发现这些家务在重复，很无聊，他们就会躲得远远的，对你的要求充耳不闻，完全不考虑自己作为家庭成员的义务。

其实，除了家务事不像孩子的游戏那样有趣之外，造成孩子们排斥做家务的原因往往来自父母本身。比如，强制的责任。这样会让孩子变得逆反。

如果父母希望孩子能够做一些事情，最好用夸奖、认同、支持和鼓励等情绪来代替"责任"这类有压力的词，如果我们总是使用家长权威，孩子可能在长期

的强制下会变得抵制甚至逆反。

我们在要求孩子帮忙做家务的时候，总免不了担心孩子会帮倒忙。这种担心无意识地通过我们的语气和态度以及不耐心透露出来，让孩子觉得他们的帮助是不重要的、附加的。比如，孩子动作慢一点，我们就会露出不耐烦的神情，尤其是当我们着急的时候，总是说："算了，让我来吧，这个你做不了！"甚至我们在帮孩子整理他们乱七八糟的玩具时，也会在他们面前展示出：你看我比你快多了。

在孩子们的眼中，似乎没有多少长期帮忙做家务的理由，因为成年人做得更快，而且更好。摆餐桌、洗碗、打扫，还有倒垃圾，所有这些活儿成年人都会轻而易举地完成，好像让孩子帮忙只是给他们一个表现的机会似的。而孩子们都是敏感的，即便是很小的孩子也能够非常清楚地感觉到我们对他们的帮助是否真的被需要。如果他们看不到自己被需要或者被肯定，自然也就丧失了对这件事的兴趣。

心海导航

从小事上培养孩子的责任感，父母要注意以下几点：

1.选择适合孩子做的家务

您一定要避免犯这样的错误，如果你打算用收拾房间来训练孩子的责任感，那你很可能会碰壁。原因是如今孩子都有太多的玩具，而通常都没有很合适的玩具箱。晚上他们会很疲劳，但是又不想上床睡觉。这种情况下你最好不要勉强孩子收拾自己的玩具。你可以这样说："你先在厨房里帮我忙，晚一点我再帮你一起收拾玩具。"

2.让孩子尽早地了解并且参与你们的日常生活模式

要让孩子尽早地了解并且参与你们的日常生活模式，哪怕刚开始他们根本理解不了你在做什么。你要告诉他，你有什么样的计划，有哪些家务要做，你以什么样的顺序来安排家务。随后你可以分配工作。就连购物的时候你都可以问孩子，"你来看一看牛奶买得够不够？""面包买了吗？"等问题。

3.不要老是将物质报偿作为树立责任感的动力

上文炎炎的例子就是一个典型，哪怕你规定擦鞋一个月或 100 次后才可以得到溜冰鞋，这一动力在一个月或 100 次之后，也会自动消失。所以千万不要让孩子养成这样的习惯：自我服务或服务家人，是为了得到某种"好处"。要淡化有形的物质奖赏，代之以精神的爱抚和勉励，如孩子每天下楼取报纸，他就应该得到大力夸赞，得到一个吻或一个拥抱。父母应在亲友面前对他的尽责表示赞赏，以使他的好行为有一个长久的动力保持下去。

4.给孩子责任范畴内的事情定一个最后时限

7 岁的范荔，责任是每天晚饭前将垃圾拎到楼下去，爸爸讲得很明确，"倒完垃圾才开饭"。一天，范荔沉迷于动画片中，无论如何不肯下楼倒垃圾，结果，所有的人都饿着肚子等到晚上 7 点多。范荔哭着下楼扔了垃圾，回来后爸爸还要求她就耽误大家吃饭而道歉。看起来严酷了点，可从此范荔对她的任务尽职尽责，甚至下楼跳绳时也会主动地把垃圾拎下去。

孩子第一次尝试做事，总有不完善的地方，父母可以帮助他"完善"他的计划和方案，但绝对不要亲自动手。像小雄的妈妈，可以帮孩子掌握图书分类排放、拼图按编号收藏的技巧，同时让孩子明白：自己的"王国"要靠自己管理，用过的东西立即归位，不是减轻妈妈的负担，而是减轻自己的负担。如此，小雄乱丢乱放的毛病才可能得到根治。

5.讲明后果，并让其承担"后果"

一旦确定某个责任是孩子的"自留地"，父母就一定不要进去除草浇水。

父母必读

※ 你要学会给孩子一些夸奖。不要总是挑毛病、找缺点，说哪儿做得不够，要对孩子所完成的事情表现出你的欣喜。比如拍拍孩子的肩膀，或者是对他说："真不错，这一周你已经是第三次自己刷牙，并且把牙刷得这么干净了！"如果孩子帮你倒垃圾，你可以把他搂到怀里说："这些天你帮我倒垃圾，妈妈很高兴。"

※ 聪明的孩子一旦发现他表现得无能就可以逃避做家务、整理房间,他就会有意地表现得无能,以此来逃避责任。不要苛求孩子把家务做得技巧娴熟。

※ 孩子是不是以最快的速度把餐桌摆得井井有条并不重要,重要的是你的孩子能慢慢学会怎么样来布置餐桌,能够在自己劳动后绕着桌子走来走去,体会劳动的快乐。

细节④

从小·给孩子一双灵巧的手,让孩子自己的事情自己做

身边故事

镜头1:孩子不小心摔倒了,趴在地上不起来,要别人把他抱起来,他哭着趴在原处,嘴里喊着:"妈妈抱、妈妈抱。"妈妈急忙跑过去抱起孩子,孩子才止住哭声。

镜头2:妈妈送孩子上学,孩子哭闹不止,问其原因是妈妈忘了给他带小手绢,急着上班的妈妈不得不返回家给他拿手绢。妈妈为什么不告诉孩子这是你自己的事情,你应该自己想着呢?

镜头3:早晨孩子磨磨蹭蹭不穿衣服,父母急急忙忙给他穿上;孩子不好好吃饭,家长在孩子玩的时候忙里偷闲喂他一口,并且还需要好言相劝,孩子才张开金口。

专家解析

身为父母,在孩子需要父母的帮助才能完成一件事情时,父母不给予帮助,这是父母不尽职。然而,当孩子有独立完成这件事的能力时,做父母的就应要求孩子独立完成这件事。作为一个人,他没有摔倒了能重新站起来的勇气和毅力,怎样去生存?如果一个人离开了父母的呵护,他会生活得很糟,那他怎样去竞争?

如果总是把孩子当成老母鸡翅膀保护下的小鸡,那么等孩子长大了,他们非但不能成为勇敢的人,反而会成为一个懦弱的人。现在的家长应该尽早地让孩子有自己的事情自己做的责任感。

"冰冻三尺非一日之寒",儿童生活自理能力的培养不是一两次教育就能奏效的,有了一致性还要有一贯性,良好的习惯需要长期保持……这是个漫长的过程。孩子还小,只要他自己能做,就要给他创造锻炼的机会,在此基础上,施以言传身教,辅以耐心细致,结合家长同心,只有这样,培养儿童较强的生活自理能力才能成为现实。

"妈妈,我要吃鸡蛋,你给我剥一个鸡蛋!"洋洋冲着妈妈喊。

"洋洋,妈妈和你比赛,一人剥一个鸡蛋,看谁剥得又快又干净好吗?"妈妈并没有马上给洋洋剥鸡蛋,而是引导洋洋自己的事自己做。

洋洋一听,赶紧拿了一个鸡蛋,很认真地剥了起来。

妈妈刻意输给了他,胜利的喜悦使得洋洋的笑容格外灿烂。孩子的成长很忌讳家长的照顾过于无微不至,什么都替孩子想了,什么都替孩子做好了,那孩子做什么呢?

请家长别把孩子的手握得那么紧,因为时间长了会影响它的灵活性。

心海导航

父母的包办行为会使孩子失去责任心,要培养孩子的责任心,父母就要在孩子的学习、生活中纠正他的不良习惯,让孩子学会自己的事情自己做。

　　父母应该分配孩子做一些力所能及的家务,当然在刚开始的时候需要父母对孩子进行监督和检查。特别是要明确地让孩子明白学习是他自己的事,不是父母的事。让孩子处理自己的事情,目的就是要克服孩子的依赖性,培养孩子的独立性,也就是让孩子独立思考问题、独立解决问题、独立去处理自己应做的事。

　　妈妈要求家人洗澡后把换下的衣服放进洗衣机,可8岁的王刚经常忘记,于是妈妈让他用本子记下洗澡后该做什么事,提醒自己不要忘记。从此以后,王刚再也没有忘记把脏衣服放进洗衣机,他为自己的进步感到自豪。可见,当要孩子记住做某事时,与其大人经常提醒,还不如让孩子自己记下要做的事情,这样孩子就慢慢地学会了对自己的行为负责。孩子只有学会了对自己的事情负责,才能逐步地发展为对家庭、对他人、对集体、对社会负责。

　　家长教育孩子的目的之一,就是希望孩子成长为一个优秀的人。在尊重和满足孩子不断增长的独立要求时,避免过度保护和包办代替,鼓励并指导他们自理自立。让孩子懂得自己能做的事自己做,不会的学着做。从而培养孩子良好的饮食、睡眠、盥洗、排泄等生活习惯和生活自理能力。为了使今天的孩子将来能成为祖国建设的栋梁,从小培养他们良好的生活自理能力是相当迫切和必要的。

　　著名教育家陈鹤琴先生提出"凡是儿童自己能做的,应当让他自己做"。前苏联著名教育家苏霍姆林斯基也指出:幼儿的智力发展应当同时体现在手指的操作、语言的表达和用脑的思考上,动手、动口与动脑三者之间有着息息相关的内在联系。为了孩子未来能够更好地学习、工作、生活,为了孩子能够成为祖国的栋梁,为了孩子有个更美好的明天,从小给孩子一双灵巧的手吧,让孩子自己的事情自己做!

↘ **父母必读**

　　※ 通过多种正面教育活动,使孩子通过学习、模仿,学会自己的事情自己做,增强自理的意识和能力。

※ 对孩子的各种自理行为,不管结果如何,家长都要及时进行表扬和鼓励。

※ 教育孩子讲方法,比如:早晨家长急着上班,孩子却要自己穿衣服,面对孩子自己动手穿得很不整齐的衣服,如果妈妈气冲冲地对孩子喊:"我早说你不会,你偏要自己来!看,穿成什么样子了?只会添乱!"孩子由这之后再不愿尝试自己做事情了。同样的情况,如果妈妈欣喜地赞赏孩子:"哟,今天你自己穿衣服了,真能干!如果这个地方再整理一下就更好了。"这个孩子受到鼓励,不仅衣服越穿越整齐,而且独立做事的兴趣和信心也越来越强了,久而久之,自理能力也越来越强。

※ 在生活活动中训练孩子的自理行为。如入厕、盥洗等日常小事无处不体现着孩子生活自理的水平,家长要抓住这个关键时机,指导、监督孩子的自理行为,使其形成习惯。如入厕后自觉整理好衣裤的习惯,餐前便后自觉正确洗手的习惯等。

细节 ⑤

尊重孩子"自己来"的愿望

身边故事

兰兰拿着杯子走过来,一不小心把水泼在沙发上。妈妈马上把孩子拉开,一边收拾残局一边心疼地说:"你还小,不能自己倒水,以后要喝水,叫妈妈给你倒!"

晚餐结束后,妈妈收拾桌子,兰兰主动帮妈妈端盘子、收筷子。妈妈忙说:"快放下,你会打碎它的,等你长大以后再帮忙,出去玩吧!"

专家解析

　　个人事务的自理能力是孩子需要学习的重要内容,它能增强孩子的责任感和自信心,为孩子将来独立生活、成功走向社会打下基础。但是,在重智育的今天,个人事务的自理能力常常被忽略。

　　孩子的独立生活能力差,是因为孩子们的懒惰不愿动手做事吗?其实不然,没有一个孩子不喜欢自己动手。"做"是他们锻炼的机会。孩子一会走就有帮助妈妈们的愿望,两岁的孩子就会帮大人拿东西、跑跑腿,3 岁的孩子自立愿望非常强烈,什么事情都想去干。但是他们还太小,能力有限,常常会把事办糟。这时,家长就应鼓励他们试一试,不要一味责怪或制止他们的行动。

　　爸爸妈妈们如何培养孩子的独立自理能力呢?下面这些建议可以供你们参考:

　　自己处理自己的事,不光是一句口号,也不是让孩子掌握几种技能就可以了,它需要成为孩子的一种习惯,天天坚持。因此,爸爸妈妈除了让他们体会到其中的快乐、愿意坚持以外,更要让他们知道自己的事应该自己做,不是帮爸爸妈妈做。如果孩子自己收拾了房间,不妨说:"真棒,能自己收拾自己的房间了。"而尽量少说:"真棒,能帮妈妈做家务了。"如果孩子撒娇,不愿意自己做的时候,父母要坚持到底,让他明白他长大了,以前爸爸妈妈帮他做的事情现在该他自己做了。

　　家务活是家庭中的事务,是和孩子的生活密切相关的。适当让孩子做一些家务活,可以让孩子意识到他在家庭中的身份,使他在做家务活的过程中形成自己对家庭的责任意识。不过,分配给孩子的家务活应当符合孩子的年龄特点。比如,分配给 2~3 岁的孩子收拾玩具,帮助传递一些小物品的活;分配给 4 岁的孩子摆放碗筷,帮大人拎包的活;分配给 5 岁的孩子自己取食物吃,做一些简单的卫生清理工作的活;分配给 6~8 岁的孩子存取衣物、接待小客人的活等。能力是在劳动过程中得到发展的,孩子只有更多地参与到个人事务的处理过程中,才能发展他们的个人事务自理能力。

心海导航

独立生活能力是人生存与发展的基本能力，这种能力不是天生的，要从小加以培养。为了改变孩子一切依赖父母的状况，让他们了解父母的辛苦与不易，将来能更好地适应社会，父母应该舍弃那种过分的溺爱之情，给孩子创造一些机会，放手让孩子尝试生活。

现在的孩子基本上都是独生子女，在物质方面是富裕的一代，而在人身自由方面却受到很多限制。许多家长对孩子的过度照顾，剥夺了孩子做事的机会与义务，使孩子渐渐养成衣来伸手、饭来张口的坏习惯，以为别人为自己做什么都是应该的，不懂得体谅和关心他人。因此，父母不要过多地干涉孩子的活动，要尊重他们"自己来"的愿望，凡是孩子自己能办的事都要让他自己去尝试。尝试是孩子学着独立的开始，是孩子迈向自立的第一步。还孩子一些自由的空间，让孩子从小学会锻炼，至少不要在他跌倒的时候就毫不犹豫地将他扶起，而要让孩子自己独立地站起来。

怜子之心，人人都有。但是爱怜不能缺乏理智，不能爱得太盲目，父母能够替代孩子一时，却无法替代一世。只有早日放手，让孩子学会自己照顾自己，让孩子用自己的脚走路，才是正确的选择。比如，孩子学着切菜，父母不必太担心他会割破手指，在旁边看护着；只要教他方法，让他练习，自然就学会了。父母还可以让孩子自己整理书架、书桌，自己布置房间，有条件就让他单独睡觉。只有父母"离开子女"，才能培养孩子的独立能力。作为合格的父母，所给予孩子的最美好的东西，就是教会他们生存和生活以及创造的能力，而不是满足、娇惯或溺爱、放纵，这样才能给孩子一个健全的人格和自信的人生，才是真正爱孩子。

生活不会一帆风顺，挫折对每个人都是难以避免的。父母不可能永远扮演孩子的避风港，为孩子提供免于伤害的保护。孩子需要接受挫折的考验，需要经历失败的洗礼，才会逐渐适应生活、适应社会。在孩子的尝试过程中，每一个细节，都会给孩子一种平凡而真实的教育。我们不必担忧孩子会因为一次被水烫

疼、一次将衣服穿反、一次把碗打破等,就不愿进行新的尝试。这正是挫折赋予孩子的未来的本钱,它可以让孩子懂得做事要毫不气馁、再接再厉、永不放弃,体验到通过自己的努力获取成功的喜悦,在未来的日子里笑对人生。因此,我们有理由相信,大胆、能干的孩子,是由既放心又放手的勇敢的家长培养出来的。

父母必读

※ 提供机会,让孩子尽情体验。在生活中,很多事情都可以让3~6岁的孩子自己去决策,自己去做了,比如进餐、选衣服、分配看电视和玩玩具的时间、收拾房间等。在做的过程中,让孩子自己去思考、去体验、去成长,爸爸妈妈可以成为幕后的把关者。

※ 营造宽松的氛围,学会耐心等待。成长需要时间。孩子们可能拿着筷子却夹不起饭菜;可能想穿衣服却找不到衣袖的入口;可能想亲近某个伙伴,却被别人讨厌;再或者想下棋,却乱走一气。不要要求孩子第一次就做得好,他们需要时间。当他尝试的时候,等着他、鼓励他。如果遇到早上赶着上班,那么请早点叫孩子起床,给他充足的时间。当他苦恼的时候安慰他、帮助他。当他进步的时候,表扬他、激励他。相信孩子在爸爸妈妈的支持下会成长得很好。

※ 要求积少成多,让孩子逐步独立。要学会自己的事情自己做,对孩子来说并不是一件容易的事情。他们需要学习的东西太多,难度也不一样。爸爸妈妈可以帮他们安排一个进度表,一样一样地学,逐渐增多。比如可以先学自己用勺吃饭,做到不洒出来;再学自己端饭、添饭,让孩子知道根据自己的需要添合适的量;接着是端汤、使用筷子……这样,孩子就渐渐能独立完成进餐的所有活动。

※ 教给孩子必要的方法。个人事务不是想做好就能做好的,它需要一定的方法和策略。比如,穿裤子就需要先看裤子的前后,坐下来,把腿伸进裤腿里;想玩小朋友的玩具,就需要和别人协商,想办法征得同意,而不能抢;玩玩具就得知道玩具的特性和相应的规则。因此,在孩子遇到困难的时候给予适当的方法引导是必要的。

细节 ⑥

凡是孩子自己能做的事,就让他自己去做

身边故事

蒇蒇上学时忘了带手绢,老师问她为什么忘了,她振振有词地说:"都怪我妈妈,她一早上又做这又做那,竟然忘了给我带手绢!"

看到蒇蒇丝毫没有意识到忘带手绢是自己的事,还怪到了她妈妈的头上,老师简直哭笑不得。本来每天自带手绢是孩子自己要记住的事,但由于妈妈缺乏这方面的教育意识,把孩子的一切事情都包办了,所以,蒇蒇认为这是妈妈的事,不是自己的事。

专家解析

新世纪摆在家长面前的重大挑战,既不是新技术革命,也不是经济发展,而是青少年一代的道德问题,责任意识问题。

跨世纪人才需要博学多才,有快捷获取信息的能力,有终生学习的观念,有自我发展精神,有与人协作能力等,所有这一切都离不开责任感的培养。一个道德情感贫乏,缺乏责任感的人是不会真正关心他人,无法与人真诚合作的,也是无法适应未来社会的。重视习惯培养,特别是小学生良好行为习惯的培养,是现代教育发展的一个重要趋势。培养小学生的责任意识与良好行为,使学生具有初步的认真负责的良好习惯,是基础教育的任务之一。

引导孩子在养成良好生活习惯的同时,逐步形成健康的生活方式,保持对

生活积极乐观的态度,从中发现生活的美好进而更加热爱生活,是新世纪家庭教育的新课题。

但很多家长疼爱孩子,愿意替孩子承担一切,这种情况十分普遍,甚至连孩子在学校里正常的集体劳动也插手。

在某小学的教室里,一群爷爷奶奶、爸爸妈妈又是擦玻璃又是拖地,把学校安排给孩子的大扫除劳动全部代劳了。

原来这天是小学开学第一天,学校组织学生参加集体劳动,打扫教室内的卫生,但家长们心疼孩子,越俎代庖,不仅把学生的工作包揽了,还把老师的工作抢了过来。一个老师说,开学要学生做集体劳动时,都可以看到这样的景象。随便看看,就见教学楼的每间教室里都有几名家长在做卫生。

二年级教室内,七八名家长正忙碌着,一位大爷站在桌子上擦玻璃,大爷一边擦一边告诉站在下面的孙子别乱跑。教室内的其他窗户上也站着家长,他们手持湿抹布,用力在窗户上擦拭。一位教师正指挥着小学生们把桌子上的土擦掉,一名家长看见自己的孩子拿起了抹布,急忙走过去从孩子手中抢过抹布,亲自擦了起来。与孩子相比,家长干活的速度非常快,于是每当孩子在老师的指挥下拿起笤帚或抹布,家长就从孩子手中夺过这些劳动工具,以更快的速度扫地、擦桌子,而孩子只能站在一边看着家长在教室里忙碌。

在另外一间教室里,老师安排学生扫地并擦桌椅,老师的话音刚落,家长就你抢抹布我拿笤帚地干了起来,不一会儿教室就被打扫干净了。见老师还站在窗户上擦玻璃,这些家长不由分说又登上窗台,快速地擦了起来,而老师只能任凭这些"热情"的家长在教室里忙碌。

这些家长都是自愿来的。他们觉得孩子太小,做卫生不放心,再说这一点活儿,家长三两下就做了,不必要孩子来做。

学校校长对于家长的这种"包办"也很无奈。一般学校在上午宣布下午要做扫除,家长下午就行动起来,而且每次来的人还不少。学生们只不过是做些扫地、擦桌子等简单劳动,根本无需家长代替。家长如此"关心"孩子,实在是有些做

过头了。

心海导航

21世纪需要培养自立、创新的人才,对于培养未来人才的全面素质来说,劳动技能是必不可少的,然而家长和老师往往忽视孩子的劳动教育,不重视对孩子的劳动习惯的培养。

在家里,孩子有舒适的生活环境,特别是独生子女家庭对孩子更是大包大揽,使得孩子动手的机会减少,生活自立能力降低。

我国教育家陈鹤琴先生说过:"凡是孩子自己能做的事,让他自己去做。"劳动教育是实施素质教育中非常重要的一环。小越妈妈教女儿很有一套。小越出生后,妈妈还是按照从前的生活方式,隔三差五跟同事逛街、购物,每天定时上网、游戏、去俱乐部健身。

为此,小越爸爸还经常提醒小越妈妈要多把心思放在孩子身上,不可以再像以前那样只顾自己玩儿了。

小越妈妈却得意地反驳说:"咱们家小越学习成绩不比别人差,而且这么听话,何必还每天管东管西?教育孩子嘛,把握大方向就行了,管得越多,她越会产生抵触情绪,到时候,反倒说什么她都不爱听了。"

小越爸爸一听,也觉得是这个道理。

小越妈妈对待女儿,简直可以说是个不折不扣的"懒妈妈"。因为妈妈从来不陪小越做作业,也不会一字不漏地帮小越检查作业。在小越做作业之前,妈妈会先告诉她:碰到不会做的题要自己多动脑筋,妈妈有妈妈的事,不要动不动就叫妈妈,因为妈妈不可能随叫随到,很多事要学着自己解决。

小越妈妈还对小越说:"以后睡到半夜,如果自己跑到被子外面去了,感觉冷,要学会自己拉被子。妈妈也要睡觉,睡着了哪里知道帮你盖被子啊。"小越很优秀,自从妈妈教会了她自己盖被子后,她还真自己把自己照顾得挺好。

随着小越逐渐长大,她力所能及的事也多了起来,妈妈很快把她发展为做家

务的最得力的帮手。每周家里的清洁大扫除,她能干的活妈妈都给她留着。平时,她散放的书、鞋子,以及吃完零食后堆在桌子上的垃圾,妈妈见了也不斥责她,即使小越作业本忘了收在书包里,妈妈也不会去训导她并帮她收起来。为此,小越曾因此吃过亏而付出了代价——有一次小越忘了带家庭作业本,被老师罚抄了好几遍课文。受了惩罚的小越,自那以后就改掉了丢三落四的毛病。每天东西收拾得整齐有序,再也不乱放了。不单单如此,她还会经常反过来"教训"妈妈:"妈妈,你的东西怎么不收拾好?""妈妈,你的衣服放洗衣机里呀!"妈妈便装着很听话的样子,乐呵呵地按小越的指点做好。小越这时候会很得意,妈妈便趁机表扬她。得到表扬的小越,便越发能干了。

父母必读

※ 首先从培养孩子做家务的意识入手,让孩子先观察爸爸、妈妈、奶奶在家做家务的情形,慢慢地孩子知道了在家里要做哪些家务,是怎样做的;其次与孩子谈谈,让他们意识到家务劳动的必要性。

※ 孩子生长在不同的家庭里,所受的家庭教育也不同,有的家长注重孩子的劳动教育,但有不少家长过分溺爱孩子,包办一切,致使孩子最基本的生活自理能力都比较差,所以家长必须意识到劳动的重要性,让孩子在家庭中积极参与一些力所能及的家务劳动。

※ 实施劳动素质教育,培养了孩子的情操,锻炼了孩子的动手能力,发展了孩子的思维能力。

※ 家长可以进一步把这项内容深化,为培养新时代的孩子的动手能力作出更大的努力。

细节 ⑦

为孩子创造良好的责任环境，
促进孩子责任感的发展

身边故事

军军妈妈上了一天班，回到家里，感觉很累，看到军军坐在沙发上看电视，于是叫道："军军，帮妈妈拿双拖鞋！"

军军只顾自己看电视，理也没理妈妈。妈妈当时心里感到很难过，平常为军军付出这么多，什么事情都不让他做，帮他打点得好好的，现在叫他拿一下拖鞋他竟然装作没听到。

专家解析

责任感是孩子社会性素质的重要内容：主要有自我责任感、他人责任感、集体责任感、任务责任感、承诺责任感和过失责任感。

责任感不仅直接关系到孩子的心理健康、个性形成、情绪情感和社会适应性问题，而且关系到孩子的认知和学习发展，关系到孩子将来一生的生活幸福和事业成功。为此，我们应重视孩子责任感的培养，家长可以通过让孩子参与一些家务劳动培养孩子的任务责任感，通过"自己的事自己做"培养孩子的自我责任感，通过移情教育培养孩子的他人责任感。家长应有针对性地给孩子责任行为锻炼的机会，培养孩子的过失责任感，等等。

有位心理学工作者在一所中学调查学生的自主性状况，当问到在生活和学习

中遇到难题应当怎么办时,150 名被调查的学生几乎是异口同声地说遇到难题当然是找父母解决,没有一个学生回答自己先想办法解决,实在解决不了再找父母;当问到今后准备从事什么职业时,竟然有 70% 的同学回答说要等回家问过父母后才能确定。由此可见,父母包办、代替的现象是非常普遍的,也是非常令人忧虑的。

一个不懂负责任的孩子,长大后是不会对家庭、对社会负责任的。作为家长和教育工作者要在思想上充分认识到责任感的培养是孩子适应社会发展的需要,是现代和未来社会人才素质的核心。家庭学校应同步为孩子创造良好的责任环境,促进孩子责任感的发展。

有很多年轻的母亲埋怨说:"他老是依赖我。"的确,孩子长大,渐渐趋向成熟。当家长的,也不愿意总是提醒他们应该做什么,不应该做什么,应该怎样去做,都希望自己的孩子能尽快地自立。

严格要求和言行一致,是培养孩子责任感的关键。但有时为了节省时间减少麻烦,做父母的却不自觉地代替孩子去完成他自己应该完成的事,而且父母也心甘情愿地为孩子操办一切。

在平时的生活中,我们每天都遇到这样的情况:当一对夫妇要他们的孩子收拾起摊在桌上的书本、玩具时,有的孩子会有种种借口:"我马上……知道了……我现在还不想……我过会儿再收……我太累了……妈,你替我收拾吧。"这时,有的家长就退让了。殊不知,这一退让却让孩子失去了责任感,产生反正爸爸妈妈会替我做的依赖思想。所以,在给孩子交待任务之后,做家长的一定要克制替孩子做事的欲望。

心海导航

列夫·托尔斯泰曾经说过:"一个人没有热情,他将一事无成,而热情的基点正是责任心。"社会学家们的研究同样指出,责任感在人的成事、成材和成人的过程中有着举足轻重的作用。其作用具体表现为如下几个方面:

责任感是个人人格的重要组成部分，它可以促使人去努力完善自我，可以促人奋发上进。一个有着强烈责任感的人会勇敢地承担起自己对父母、对他人、对社会的责任，他们会尽最大努力把应该办的事情办好；而一个没有责任感的人则会逃避自己的责任和义务，容易随波逐流，无所事事。责任感可以弥补才能的不足，但才能不能弥补责任感的不足。

责任感可以取信于人，可以融洽周围的人际关系。有责任感的人言必信、行必果，他们答应了的事就努力去干，即使干不成，也会勇于承担责任，所以总能够获得别人的信赖。

责任感赋予人智慧，机遇只偏爱有准备的头脑，一个没有责任感，遇到失败就推卸责任的人，是一个不能够委以重任的人，因为他们在放弃责任的同时，也放弃了相应的工作和成功的机会。

那么怎样培养孩子的责任感呢？首先是从孩子年幼时做起，坚持每天要他干好一件家务事，但这件事一定能锻炼孩子的能力。比如有个孩子，妈妈安排他每天浇花。半年来，他完成得很好，虽然有时也发牢骚，但他一直是仔仔细细、津津有味地做着。因为他知道这件事是由他负责的。如果安排孩子做些复杂的家务，家长应有一些简单的指导，并严格要求他们持之以恒。

有些家长看到孩子完成任务之后，便给他一些零钱或其他东西作为奖励。这样一来，物质奖励便成了孩子做事情的动力。这样做不可能培养孩子的责任感。孩子是家庭成员之一，他们理所当然要完成自己应做的事情，不应该搞什么物质奖励。但是孩子完成了自己应该做的事情，家长也应给予肯定，家长满意地点点头或说声，"谢谢"；完成得不好，家长应心平气和地说："这一件事，你做错了。应该这样做……"而不是那种动不动就吹胡子瞪眼，或不问青红皂白就给孩子三巴掌的粗野做法。家长耐心的引导和严格的要求，是培养孩子责任感的最有效的做法。

父母必读

- -

※ 让孩子在学习之余承担一定的家务劳动，从而让孩子明白生活中不仅仅

有享受，还必须负有一定的义务和责任。

※ 给孩子一定的自主选择的权利，孩子在自主选择的过程中也就学会了承担责任。如果父母事事都包办、样样都代替。这种做法是培养不出有责任感的孩子来的。

※ 培养孩子认真负责的精神，允许孩子犯错误，但不允许孩子推卸责任，更不应帮助孩子寻找理由逃避责任。孩子犯了错误，父母没有必要大惊小怪，更不应该求全责备，只要孩子勇于承认错误，父母就要原谅孩子，就要表扬孩子的负责精神。要知道犯错误也是孩子成长过程中所必修的课程，孩子每一次犯错误，每一次承担责任，都会自我完善一步，个性成熟一步。当然，孩子每一次犯错误之后，父母应当帮助孩子总结教训，要教育孩子明白：聪明人不是不犯错误，而是不在同一点上犯错误。

※ 培养孩子守信践诺的良好习惯。一个不能守信践诺的人是不能取信于人的，因此也是不会受人欢迎的。所以，父母一定要教育孩子养成守信践诺的好习惯，当然父母的榜样作用是至关重要的。

细节 8

让孩子参与家务劳动

身边故事

星期天中午，爸爸妈妈请了很多客人到家里吃饭，妈妈在厨房忙着做菜，爸爸在客厅招呼朋友，刘力看着忙碌的妈妈，看着与客人说话的爸爸，不知道自己能做什么。妈妈正在忙着，一抬头看见刘力的样子，就对他说："力力，来，帮妈妈择菜吧!"

刘力高兴地拿着小凳子,坐在厨房里帮妈妈择菜。

"刘力真能干!"妈妈夸奖他。刘力做得越发好了。择完菜,妈妈说:"力力,帮妈妈看看客厅有几个人,然后帮妈妈摆好筷子好吗?"刘力兴奋地到客厅开始数:"1、2、3、4……"然后,认真地摆好筷子。

专家解析

美国哈佛大学的学者们在进行了长达 20 多年的跟踪研究后,得出一个惊人的结论:爱干家务的孩子与不爱干家务的孩子相比:失业率为 1:15,犯罪率为 1:10;离婚率与心理患病率也有显著差别。由此可见,参加家务劳动不仅仅是孩子为父母分忧的权宜之计,更重要的是它关系到孩子今后的就业成材和生活幸福。因此,我们要创设良好的条件,让孩子从小就自然而然地参与并热爱劳动。

切记让孩子参与家务劳动的最主要目的是为了孩子身心的健康发展。

做父母的一定要记住,不是家务劳动需要孩子,而是孩子个性的发展需要家务劳动。孩子参与家务劳动的着眼点不应放在劳动的效益上,而应放在劳动对孩子的个性全面发展的巨大意义上。

由于经验和能力的局限,有时孩子的劳动也可能会给父母带来更多的麻烦,但是从教育孩子,促进孩子健康成长这个长远的目标来考虑,还是值得的。

应该从小就让孩子明白参加扫地、洗菜等家务劳动,是他自己应尽的一份义务,而不是帮父母干活。这样孩子在干家务活时,就心甘情愿地去做,而不会讨价还价地讲条件了。但是有的家长在让孩子干活时总爱说:"你帮我干点活。"久而久之,就会使孩子缺乏家庭责任感,也就不愿意干家务活了。更不要以贿赂的手段来利诱孩子做家务劳动,否则,没有"实惠"作激励物时,孩子就不愿干家务活。

孩子在幼儿期时是好奇和好模仿的,他们在看到家长整理房间、洗衣服、洗菜等时,会有一种新奇感,也会产生浓厚的兴趣,非常乐意模仿家长做这些家务活,

你扫地,他就在旁边挥舞着小手;你收拾房间,他也像模像样地把东西收来拣去。

这时,我们可以吩咐孩子做一些十分简单的事情,如拾起地上的玩具,给妈妈拿拖鞋,给爸爸拿报纸等。

如果从孩子的幼儿期开始,就让其参加力所能及的家务劳动,他们就会自然而然地愉快地参加家务劳动,而且没有辛苦的感觉,更不会认为是额外负担。

安排一些你和孩子可以一起做的家务。安排孩子做那些他感到对家庭生活作出重大贡献的家务劳动,如扫地、洗菜等。让孩子做的家务活要有趣味性,这样,孩子对家务活就会感兴趣而乐意去做。在劳动中增加竞赛性,如你在家务劳动中和孩子玩"比比看谁做得好做得快"的游戏,相信孩子会更乐于帮忙。

平时父母不要因为做家务而发牢骚,否则,孩子会认为家务劳动是很累人的,因而不喜欢做家务。如果父母做家务时放点音乐、哼哼歌,就不会使孩子对家务产生反感;即使父母有时讨厌做家务,也不要当着孩子的面发牢骚。做父母的更不要在要求孩子做家务时,自己却在一旁看电视或玩电脑游戏。

在孩子犯错误后,有的家长喜欢用劳动来惩罚孩子,还美其名为"劳动改造"。事实上,这样的教育,不但不能使孩子意识到自己的错误,相反还会使孩子对劳动产生厌恶感。

心海导航

孩子都有强烈的好奇心,看见家长扫地、擦桌子、拖地板,也会依样画葫芦。把握时机训练孩子做简单的家务事,耐心地告诉他正确的方法,并陪着他一起做完。

从小参加家务劳动,对于孩子的健康成长,对于国家人才的培养有着极大的好处。它可以使人自幼养成勤劳的习惯,有利于培养坚强的意志、实干的精神,是终生受用的。

许多有成就的人,都有着艰苦劳作的童年。

朱德同志四五岁时就在妈妈身边帮助做事,到八九岁不但能挑会背,还会种地。由于从小受过生活的磨炼,使得他在后来漫长的革命斗争中,不怕困难并能克

服困难。

家务劳动对于从小培养孩子动手操作的技能和习惯是十分有益的。不仅如此，它反过来还能促进儿童智力的发展。科学研究证明，人的大脑是思维的基础，但是单有基础是不够的，还要培养锻炼才会产生思想和智慧。

大脑的思维机能几乎全是后天养成的，即通过感官的作用后，才能产生思维、智慧。在幼儿成长过程中，如果加强感官机能，如手的训练，不但练了手，也相应地加强了脑的机能。手的灵敏运动，能使大脑皮层很大区域都得到锻炼。所以，孩子从事家务劳动，多动手操作，可以使手指灵活，也能促使儿童智力发展。做家务事应当是家长给予孩子最好的教育之一，孩子协助家长做家务事，可发展身体和心理上的技能，包括可以训练他的观察力、理解力、应变能力及体能。孩子每学会一项新的任务，他的能力和自信心便会向前迈进一步。而借由做家务事，孩子也会有参与感、成就感和荣誉感，更重要的是，培养孩子对家庭有份责任心和归属感，协助他独立自主。

不过，在教孩子做家务事时，家长要有耐心且不厌其烦。虽然孩子的热心参与，可能往往是越帮越忙，如洗菜、洗水果，溅得到处都是水，家长必须容忍这些混乱，并将每件事分解成小步骤来教孩子。此外，不要叫孩子做些他能力不及的家务事，如叫一个 3 岁的孩子收拾自己凌乱的房间，会使他茫茫然，不知从何做起。要培养孩子某种能力，家长要陪着他，一面指导、一面监督，上了轨道后，才可以渐渐放手让孩子独立完成。

父母必读

※ 家长要支持、鼓励孩子参加力所能及的家务劳动，正确认识孩子参与家务劳动不是为了减轻成人的劳动，而是为了让孩子养成热爱劳动的习惯，培养孩子的责任感、义务感、独立性、自信心等良好品质。

※ 家长要放手让孩子去干，让孩子在实践中学会做。当然，成人要给以具体指导、帮助，督促孩子按时把事情做好，千万不可包办代替。当然，也应视孩子的

能力而定下适当的目标,才能收到良好效果,更可培养孩子的自信心与成就感。

※ 家长可陪孩子一面做家务,一面聊天,甚至交换彼此的心得,以增加工作情趣。

※ 孩子参与做家务事可以让他感到自己是家里的一分子,增加对家庭的归属感,家长要让孩子有参与做家务事的机会,并多给予鼓励、赞美,使孩子从做家务中得到成就感及自信心,且肯定自己的能力,并从做家务事中培养责任感及积极的人格。

※ 孩子与家长一起做家务事,不仅可以培养其参与感及成就感,从合力完成家务事的过程中,家长将有更多时间与孩子相处,增进亲子感情,孩子也会从中体会、了解家长的辛劳。

细节 9

不要对孩子过度保护,给孩子独立做事的机会

身边故事

为了让丁丁的成绩提高,妈妈为他请了个家教,每天为他补习两小时。这天,家教老师来为他上课了,丁丁眼睛盯着书本,一会儿叫他妈来倒水,一会儿叫他妈去开门,把妈妈呼来喝去,而且态度还很不好。

丁丁妈妈竟然陪着笑脸,毕恭毕敬,尽心尽责地做丁丁要求的这些事,一点怨言也没有。看样子,只要丁丁肯认真坐下来看书,妈妈就感激得很,高兴得很了,真是可怜天下父母心。

一会儿,老师要丁丁背英语单词,丁丁把书本一摔,烦躁地说:"我不会背!"丁丁妈妈立刻向他许诺:"乖孩子,你背一个单词妈妈给你两块钱!这样,你背20个单词,就可以买你上次想买的玩具了。"

丁丁这才很不情愿地拿起书来,却还是一副爱看不看的样子,好像学习不是为了他自己,而是在替妈妈做事一样。

专家解析

很多家长为了让孩子能够在学业上取得好成绩,什么都不让孩子做,要求孩子只学习就行了。这种做法对孩子的成长是极端有害的,这无非是培养没有用的废才的最有效方法。当我们的孩子从小什么都不做,他的大事小事都由父母包办,时间久了他就什么都不会做了,他会越来越自卑。他的所有责任都由其父母来承担,他没有学会对自己负责,更没有学会对别人负责,他在生活中觉得自己是一个无用的废物,他没有任何的价值感。

人类在自我生命的深处,必须感觉到他与这个世界存在某种联系,他才找到了"意义"的纤绳。当一个人对某种事物负责时,他就感到自己的生命与该事物联系到一起了,因此产生意义感。当他感觉自己在某事物中起了作用,他觉得自己是有用的,因此就找到了价值感。

我们给予孩子过度的保护,致使孩子没有机会独立做本该由他们负责的事,久而久之,孩子的依赖性越来越大,不但认为我们为他做事是理所当然的,而且还会用命令的语调指使我们,这种对冷暖饥饱、人身安全等身体上的过度保护会对孩子的心灵造成伤害。只有让他们独立了,他们才能懂得关心、体贴和尊重别人。

父母是孩子终身教育的第一任老师,孩子缺乏责任感,我们负有不可推卸的责任,与其抱怨,不如采取措施,教会孩子对自己、对别人、对社会负责。

如果父母做了孩子的监督者,那么他对所有的行为都不负责督促和检查。如果家长要想让孩子自立,如果想孩子成为主动学习、力争上游的人,那么必须把他的责任心建立起来。责任心和主动性是连体的,一个人如果被赋予责任,

有了重要感、价值感，就有了主动性。

心海导航

当一个人感觉他的行为对其他人有影响的时候，他就有了重要感，有了价值感。当一个孩子被赋予责任时，就感觉自己绝对重要，有了重要的感觉就有了自律，自律就意味着主动。这是对自己的责任。在人群中，负责任的人多意味着领导别人。根据一项统计显示，人类历史上成为领袖人物的人中，是家中长子的占81%。一旦孩子对自己负起责任，家长的任务就太简单了！

人的一生是与人的责任感紧密地联系在一起的。从幼儿时期起，在家里按父母要求去做，在幼儿园完成老师交给的任务；小学生上学学习，回家帮助家长做家务……就是培养一个人责任感的开始。责任感的训练起点，首先是在人的良好习惯的养成上。小学生从入学开始，就承担起了一种社会责任。学习是社会、国家与民族赋予他的一种历史责任，而承担起这一责任，就要从良好习惯的养成做起。从小培养自己的事自己做，不但要有始有终，而且要有恒心有自信；今天的事今天做，事事都要对人对己负责任。随着年龄的增长，责任感的范围日益扩大，责任感的含义也就更加深刻。

今天正在读书的一代人，享受着前所未有的物质文明等有利条件。特别是独生子女，生活条件更加优越。这些都使青少年以自我为中心的倾向加重，而责任感却大大降低，这种状况应该引起每个家长的高度警惕。造成这种状况的主要原因是家长们认为，今天生活条件好了，用不着孩子参与家庭生活，他们只要学习好，不惹麻烦就足够了。于是给孩子创造优良的学习生活条件，尽可能满足孩子的愿望，以期孩子能够专心学习。然而事实并非如此，这些在家长过分保护下长大的孩子，缺乏责任感，冷漠，在学习上表现得被动与厌倦。要想将孩子培养成人才，那么从现在起当务之急就是培养孩子的责任感。使他们将自己的生命与家庭、社会联系起来，看到自己好好学习，将来有所作为，对家庭、对社会的影响与作用，从而产生价值感，进而激发学习的动力与热情。

父母必读

※ 责任产生、发展的过程正是培养孩子责任感的重要过程,唯一可行的方法就是让孩子独立去做力所能及的事,一个人只有摆脱依赖才能意识到责任,只有独立才能主动承担责任。

※ 当孩子独立去做他们力所能及的事情时,他们都表现得非常兴奋,会非常认真。在反复体验成就感的过程中,自信的种子就在孩子幼小的心灵中逐渐生根发芽,并逐渐形成牢固的个人品质。

※ 孩子在独立完成某事的过程中,逐渐学会客观地认识事物,同时客观地认识自己。逐渐意识到什么事是他们能够把握的,什么事是不以他们的意志为转移的。

※ 家长的过分保护,只会让孩子越来越没有自理能力;有机会,就放手,让孩子自己在做事的过程中体验收获。

细节 ⑩

鼓励孩子立即动手,
绝不给孩子滋生惰性的机会

身边故事

刘莎从幼儿园大班升到了小学,还和以前在幼儿园里一样慢慢吞吞的,经常不做作业,而且特别不喜欢动手。

爸爸妈妈没少呵斥她,可一点用也没有。爸爸妈妈改变方式,给她讲道理。

讲的时候刘莎直点头,一副就此改过的样子,可是仍然没什么改进。

新学期开始了。爸爸决定换个方法,他画了个表格,把刘莎平时的生活小事全列在上面:吃饭穿衣的速度,上学的表现,回家做作业等,表现好的像幼儿园里老师评定一样画上五颗星,不好的就只给四颗、三颗、两颗,甚至一颗。让她自己给自己一个评定,看看自己的表现,每星期评定一次。有时她的速度慢下来,一想到今天能得几颗星,便加快了速度。做完作业她会很开心地去画自己所得的星星。

这样,刘莎的惰性在爸爸的帮助下彻底改正了,学期末,刘莎还被评为"三好学生"。

专家解析

人们常说"性格决定命运",但"性格"又是如何形成的呢?美国作家杰克·霍吉说:"行为变成了习惯,习惯养成了性格,性格决定命运。"原来,命运的基石就是养成习惯的行为。他把"习惯"比喻为飞驰的列车,惯性使人无法停步地冲向前方。

前方有可能是天堂,也有可能是深谷,习惯就是人生的方向盘。

暑假到了,对于在课堂上奋战了一个学期的学生来说,"终于轻松了"无疑是发自心底的呼声。但是,放暑假,是不是该彻彻底底地抛开一切,只顾休息玩乐呢?这种想法显然不足取。

人们恐怕都有这样的经历:清晨闹钟将你从睡梦中惊醒,你一边想着自己所订的计划,一边享受着躺在被窝里的舒适,不断地对自己说该起床了;却又不断地给自己寻找借口,再等一会儿。于是,在忐忑不安之中,又躺了5分钟,甚至10分钟……孩子的自制力相对大人更差些,暑假了,类似的镜头恐怕会更多地再现。

到了暑假,一般家庭的父母都是白天上班,大段的时间只有孩子一人在家;家中即使有老人,管理的力度也显然远不如父母。当孩子的惰性占据了上风之时,一切就处于失控状态了。

心海导航

什么是惰性?惰性的一个重要特征就是拖沓。把今天该完成的事情拖延到明天,甚至遥遥无期,直到被逼无奈、拖不下去时才来赶工。这种行为极具破坏性,也是最危险的恶习,它使人丧失进取心。一旦开始遇事拖延,滋生惰性,就很容易再次拖延,直到变成一种根深蒂固的习惯。如果你存心拖延逃避,你就能找出成千上万个理由来辩解为什么事情无法完成,而对事情应该完成的理由却想得少之又少。每当自己要付出劳动时,或要作出抉择时,总会为自己找一些借口来安慰自己,总想让自己轻松些、舒服些。有些孩子深陷于"激战"的泥潭中,被"主动"和"惰性"拉来拉去,不知所措……时间就这样一分一秒地浪费了。

孩子从幼儿园到小学,要从无忧无虑地游戏到有责任心地学习,从松散的幼儿园生活到紧张的小学生活,从家长的监督到孩子自己学会自我管理,这对孩子来说是一个转折,对家长来说也是一个考验。

要想战胜惰性,首先要让惰性没有乘虚而入的可能。诸如早上起床这样的事是没必要作任何考虑的。家长应想尽一切办法不让孩子拖延;在知道孩子要做一件事的同时,鼓励孩子立即动手,绝不给孩子滋生惰性的机会。对付惰性最好的办法就是根本不让惰性出现。孩子的自制力差,不能意识到惰性的严重性,也不能完全控制自己,这就需要家长的帮助了。

父母必读

※ 让孩子战胜惰性,应制定一个从早晨起床到晚上熄灯睡觉的作息表,在作息表里明确写上自己的日程安排。

※ 以每天为单位太大了,一个有实际意义的时间计划,至少应该细化到小时,明确一天当中能够利用多少个小时,还要知道一个小时的效率是多少。把这些复杂的事情变成一些小的、互不相关的、可以按部就班来完成的事情,这样更容易把事情办成。

※ 父母可以利用暑假给孩子尽可能多的自由,并要求他对自己的时间负责。有必要的话,应用心设计训练孩子自制力的计划,帮助他控制自己的惰性和欲望。

※ 父母不仅要要求孩子,而且自己也要参与,至少在孩子面前应该表现得富有自制力,固守承诺,充满责任心。

细节⑪

让孩子养成自主自觉学习的好习惯

身边故事

"孩子不愿意上学怎么办?""孩子不用功读书怎么办?"不少家长整天为这些问题而忧心忡忡。其实,孩子大多愿意通过学习去了解新东西,可是,随着年龄的增长,有些孩子的确会变得讨厌念书、讨厌学习。造成这种状况的因素很多,而由于家庭因素影响所致的却占了大多数。

专家解析

孩子厌学的问题一直是令人头疼的问题,有的是因学习困难而厌学,有的却是以前学习很优秀的孩子,由于某个导火索,说什么也不去学校了。那么,孩子厌恶学习都有哪些原因呢?

最多见的原因是学习压力太大,孩子承受不了,选择逃避。有些孩子以前学习成绩很好,但因为某次考试失误,心理上不能承受挫折,以后便开始厌学。这些孩子往往是从小一帆风顺,在家里、学校一直受到家人和老师的喜爱和呵护,没有经历过任何挫折,所以,一遇到困难就受不了了。

另外就是孩子的学习目的不明确,不知道为什么学习,将来自己想成为什么样的人。由于许多家庭给孩子提供了过于富足的物质条件,孩子在家里从不做家务,从不担心经济上的困难,孩子当然没有要通过学习而改变现状的愿望——现在家里的钱好像都花不完,为什么要学习?而那些家庭生活条件艰苦的孩子,反而学习目的很明确。

有些孩子则是由于生病或某种原因在家休息了一段时间,受到了家长周到的照顾,再去学校的时候学业有些跟不上,又不愿意付出艰苦的努力,更愿意在家什么事也不做。家长一方面给孩子提供安乐窝,一方面在精神上一味地要求孩子学习,而学习生活又是那么单调乏味,孩子当然不会选择学习了。

孩子和家长的冲突会直接影响孩子的学习兴趣。家长的鼓励、欣赏和引导会让一个普通的孩子变得优秀,家长的理解、信任和支持会让孩子充满自信心。但如果对孩子的缺点和错误,采取挑剔、讽刺、嘲笑的态度,对孩子的行为不信任,过分要求孩子不平等地尊重家长,孩子就会用不学习来对抗。所以,传统的教育方法要根据孩子心理的变化而改变。

孩子不愿意上学,家长先不要着急,首先要分析原因,调整教育方法,多多理解孩子,多与孩子沟通。

▼ 心海导航

王伟家面积不大,爸爸就在他的床边放置了一张小桌子,在桌子的左上角安装了一盏灯。每天晚上,全家人吃过晚饭,就会各自干自己的事情:爸爸静静地坐在沙发上读报;妈妈轻轻地做家务;王伟也就会自动走到他自己的书桌前做功课。

适当的时机,爸爸妈妈会走到王伟面前,对他说:"我知道你一定会把功课做好的。你真乖,不用爸妈担心。"在父母默默的鼓励和支持下,王伟养成了自主学习的态度。

当孩子讨厌上学念书时,家长应先检讨一下自身,是不是特别容易生气,而且喜欢体罚孩子?在孩子取得好成绩时,也从不称赞他呢?

有些家长对孩子要求太高,总是要求他考试得第一名或者满分,因此把孩子平时的时间排得满满的,给孩子许多补充练习,让孩子叫苦连天。孩子的学校作业已经不少了,还要做家长布置的作业。

除此以外,像父母不和、家庭生活不协调、双亲外出工作等,都会影响孩子的学习情绪,使他无心念书。

因此,作为家长,必须注意孩子身心成长的特点,理解孩子,尊重孩子,帮助孩子建立良好的学习态度。以下为家长提供一些帮助孩子喜欢学习的基本方法:

遇到孩子不喜欢学习,家长不宜操之过急,家长应了解孩子自身的学习能力,和孩子共同设计一个可行的学习目标,不要给孩子施加压力。同时,家长要保持愉快的心情,家长的心情直接影响到孩子的学习情绪,因此,在帮助孩子学习时,家长一定要保持心情愉快,这种情绪会让孩子感觉到学习本身就是一件愉快的事情。

家长如果发现孩子能力不及的时候,就要想办法帮助孩子解决问题,否则会使孩子对学习产生畏惧感。

家长应给孩子恰当的关怀和鼓励,应为孩子提供一个属于他自己的环境,并适时地关爱、鼓励孩子,让孩子养成自主自觉的学习态度。

父母必读

※ 让孩子保持愉快的学习情绪。家长必须了解,孩子心情愉快时会比较喜欢学习,学得更好更起劲。

※ 用游戏性的语言对孩子提出要求。许多家长对孩子提出要求时不注意方式,以为只要孩子明白大人的意思就行了。其实,家长对孩子用游戏性或音乐性的语言说话,是很有鼓励作用的。

※ 帮孩子建立起自信心。家长要指出孩子的优点,让他知道自己的潜能,对自己充满自信心。

※ 用努力而不是用分数去评价孩子。家长不应过分重视孩子的功课、成绩,

而要看孩子的整体表现。如果孩子尽了力，也得不到好成绩，家长应表示理解，不要让他有过分的压力。

细节⑫

放弃对孩子的溺爱，让孩子学会自我服务

身边故事

王烈的妈妈担心地对朋友说："我儿子11岁了，这个学期转了两个学校。第一个学校他只去了半天，就不去了。他觉得读书没意思，怎么说他就是不去。第二个学校他也不好好上，晚上常在外过夜，不知他在哪儿。我和他爸爸把他锁在家，但我们不注意时，他就偷偷溜了。他提出要到哪个学校去读书，我们都给他联系；但是读书的时间都不长，去两天就不去了。这孩子这么没有责任心，我现在不知怎么办才好。"

专家解析

许多父母把无限的爱都倾注到了孩子身上，对孩子的关怀可以说是无微不至，孩子的衣服从来就没有自己洗过，吃完饭就把饭碗推到一边，玩过的玩具随手就扔，被子要让妈妈代叠，洗脚要让妈妈打好温水，写作业要让妈妈给念题目，上学时书包也要让妈妈给背……孩子们就这样过着衣来伸手、饭来张口、养尊处优的生活，本来是应该他们自己做的事情全都由家长代劳了，应该自己负的责任全都由家长承担了，难怪孩子们只懂得索取而不懂得付出，普遍缺乏责任感了！

因此，培养孩子的责任感首先就要求家长放弃对孩子的溺爱，让孩子去做

一些他力所能及的事情,让孩子学会自我服务,让孩子去为自己多承担一些责任,比如玩完的玩具要自己收拾好,自己的房间要自己打扫,穿脏了的袜子自己去洗干净,起床后要自己整理床铺,早晚洗漱要自己照顾自己,家庭作业要自己独立完成,自己说过的话不能食言,自己应当做的事情必须有始有终。

提高孩子对责任的认识。他们之所以没有责任感,首先是对责任认识不足。我们有必要把他们应该做的事情,如学习、做家务的目的告诉他们,使其认识到活动的意义。如生存、自我实现、报效祖国等,以端正态度。同时,要逐步培养并不断强化他们的责任意识。我们可以经常和他们交谈、讨论一些典型的范例、故事,使他们懂得:在这个世界上,自己不但享受着别人创造的精神与物质财富,而且他们还肩负着为社会创造精神和物质财富的责任。一个不尽社会责任的人,是一个对人类无益的人。要联系实际,向他们讲哪些是他们对家庭、学校、社会应尽的责任,怎样才能履行这些责任。

心海导航

我们很多父母因为爱孩子,不让孩子参与家务劳动。让孩子参与家务劳动的目的不在于减轻家务负担,而是从小让孩子知道,他属于这个家庭,自己对其他人负有责任,他不能无偿地接受别人的劳动。孩子应该做力所能及的家务劳动,像打扫房间卫生、洗衣服、洗碗及浇花等。否则他没有参与感,没有属于这个集体的意愿。"好好学习,不用干活"是绝对错误的想法。

小杰的爷爷发现已经上二年级的孙子平时对什么都不上心,没有一点责任感,心里暗暗着急。一天,他在街上看见有人在卖宠物狗,顿时有了主意。于是掏钱买了两只刚出生不久的小狗带回了家。小狗十分可爱,小杰一眼就喜欢上了。于是,爷爷和小杰约定了比赛规则,每人负责养一只。爷爷想借养宠物培养小杰的责任感。

爷孙俩开始了比赛,看谁养的小狗最健康最活泼。

为此,爷爷还特意召开了家庭会议,不仅在会上教给了孙子养小狗的要点,还向所有家庭成员提出要求,不准其他人在暗中为小孙子提供帮助。

小杰为了要赢爷爷,也非常用心,在给小狗喂食、洗澡、清理粪便的过程中,渐渐由原来的"小皇帝"变成了一个非常有责任感的好孩子。尤其是刚开始为小狗洗澡时,小杰经常被不停挣扎的小狗弄得满身是水,但是小杰为了在比赛中取胜,显示出了从未有过的耐心。经过一段时间的熟悉,现在小杰给小狗洗澡时,小狗已经变得很温顺了。

这一点令爷爷特别欣慰。

不过,爷爷虽然明着不帮小杰,也要求家人不准帮助,但是他在暗中却给小杰帮了不少忙,因为他知道如果小杰养的小狗不如爷爷养的健康活泼,恐怕会打消小杰的积极性。

通过养宠物狗,小杰已经成了一个责任感很强的孩子了。

父母必读

※ 作为家庭中的一名成员,孩子既应该享受权利,也应承担一定的家庭责任,包括建立家庭中的岗位,承担一定数量的家务劳动。父母可通过鼓励、期望、奖惩等方式,督促孩子履行职责,培养责任心。如果一个孩子在家庭中的责任感难以确立,将来走上社会也难以向社会责任感过渡。

※ 对孩子责任感的培养应该大处着眼,小处着手。要让孩子在家庭岗位上感受责任的分量,倒一次垃圾、洗一块手帕都应给予表扬鼓励,失责时应给予批评和惩罚。只有这样,才能让孩子走出自我中心的狭小世界,强化对他人和周围环境的责任感。

※ 责任感的培养要通过孩子自身的实践体验,家长越俎代庖是无济于事的。有的家长代孩子整理书包,帮助孩子检查作业,这是责任感的"错位"和"越位"。让孩子自己承担失责的后果,孩子才能懂得上学读书不是个人的私事,而是对家庭和社会的一种责任。

※ 父母要做孩子的好榜样。家长自身对家庭、对社会的责任感如何,对孩子

来说是一面镜子,父母的责任感水平可以折射出孩子的责任感。一个对家庭、社会毫无责任感的父母,不可能培养出有责任感的孩子。

细节⑬

替孩子做一切事,实际上是害了孩子

身边故事

今天是多多6岁的生日,妈妈准备为女儿做一些她爱吃的菜,忙得不亦乐乎:这份菜要出锅,那份菜还没准备好。这时,站在一旁的多多顺手拿起一根黄瓜扔到水池里。

"妈妈,妈妈,我帮你洗黄瓜了!"多多兴奋地说,并且把手伸到水里去捞那根黄瓜。妈妈见状,急忙把多多推到一旁,责怪说:"哎哟,小宝贝,水太凉了,你可不能洗。再说了,你那么小,还不会洗呢。好了,你就在一旁站着玩,看着妈妈做就行了,听话啊。"多多撅着嘴,一声不吭地站在那里……

专家解析

美国哈佛大学历时40余年研究,发现了一个值得注意的问题:适量劳动可使孩子快乐。这个问题的研究起始于当时要弄清青少年犯罪的问题。研究人员在波士顿市旧市区内研究456名青年的生活。当他们到了中年,研究人员发现:不论智力、家庭、收入、种族背景或教育程度如何,那些童年时参加过劳动,甚至是只参与过简单的家务劳动的人,都比那些小时候从不做事的人生活得愉快。

参加这项研究的精神病学家韦朗特认为:解释这些并不困难,因为孩子在劳动中,不仅获得了才干,而且会意识到自己的社会价值。研究表明,孩子们童年时的活动与成年后的情况有着惊人的关系。

刘柳和美国丈夫带着孩子回国,准备在父母身边发展。让刘柳没想到的是,丈夫和妈妈之间为了教育孩子,却发生了意见。

刘柳有两个孩子,一个 7 岁,是男孩,另一个是 5 岁的女孩。外婆很疼爱他们,他们想要买什么外婆就给他们买什么,想要玩什么外婆就陪他们一起玩。

然而,刘柳的洋丈夫却不领情,他认为孩子不能这么宠着,不能让他们单纯地认为人的生活就是衣来伸手,饭来张口;只有工作、付出才能得到。

妈妈认为女婿说的有道理,不过,她按照中国传统的思想,觉得完全不需要让这么小的孩子就了解什么生活,长大了,他们自然就懂了。

洋女婿给孩子们设定起了家务计划:本周家务如下,请两个孩子进行认领:每天早上扫地、拖地板;每天晚餐为大家摆碗筷;隔两天浇花;每天喂鱼;每天收拾玩具……

在这份家务计划里,还包括为外祖父拿眼镜,帮外祖母择菜、洗菜,甚至还有为爸爸擦皮鞋和为妈妈的大衣作除尘清理,其中还有付费劳动。

刘柳的妈妈一看,心疼得不行:"怎么能这样对待孩子呢,他们还这么小。我们随手就做了,孩子们做不了。"

洋女婿不乐意了:"他们也是家庭里的一分子,他们应该分担家务,这是他们的责任。"

刘柳的妈妈认为孩子没有能力做这些家务活,还是不同意,但刘柳站在丈夫这边,家务计划还是呈现在了两个孩子面前。没想到,两个孩子竟然对这个计划挺感兴趣,大的孩子不但认领了扫地、拖地板、喂鱼的家务劳动,还抢着认领了两样可以挣到钱的劳动。小的孩子不太明白经济效益这回事,收拾玩具、摆碗筷就成了她的家务劳动。

看着两个孩子每天做这么多事情,刘柳的妈妈就事先帮孩子们干完他们的家务,让他们无事可做。刚开始的时候,两个孩子还一个劲儿地反对,但孩子毕竟

是孩子,见轻松下来,不用做这么多事,也就慢慢地接受了这个现实。

这样的日子本来相安无事了,不过有一天,刘柳的妈妈正在帮外孙拖地板时,女婿回来了。看到岳母正在干孩子分的家务,女婿赶紧给妻子打电话,刘柳也马上从单位请假赶了回来。这就让刘柳的妈妈不明白了,只是做些家务活,为什么女儿女婿如临大敌一般。

刘柳说:"他们既然认领了家务工作,就应该负起责任,如果您替他们,就等于让他们养成凡事推脱、不负责任的习惯。"

刘柳的妈妈不同意,还是认为他们长大后就什么都会懂得了。

女婿见这样争下去解决不了问题,便拉走了刘柳,后来两人决定,如果刘柳的妈妈再这样干扰他们教育孩子,他们就将回美国。

从那以后,刘柳的妈妈很生洋女婿的气,很长时间里都不愿理他。到后来,刘柳的妈妈发现,孩子们做起事来还真是有板有眼,看来,女儿女婿的这套家务计划还是挺有道理的。

心海导航

孩子不论年龄大小都是重要的家庭成员,所以告诉孩子他们在家庭中应该负起的责任是很重要的。孩子们需要知道这个家庭里的有些事是他们可以做的,参与做家务可以帮助孩子们更好地体验自己是家庭中一员的感觉。

美国有一个专业的表格,表格里写明了不同年龄的孩子可以做哪些家务劳动。

2~3 岁:可以在家长的指导下把垃圾扔进垃圾箱,或当家长请求帮助时帮忙拿取东西,帮妈妈把衣服挂上衣架,使用马桶,浇花,刷牙,晚上睡前整理自己的玩具。

3~4 岁:更好地使用马桶,洗手,更仔细地刷牙,认真地浇花,收拾自己的玩具,喂宠物,到大门口取回地上的报纸,睡前帮妈妈铺床,如拿枕头、被子等,饭后自己把盘碗放到厨房水池里,帮助妈妈把叠好的干净衣服放回衣柜,把自己的脏衣服放到装脏衣服的篮子里。

4~5岁：自己使用厕所，洗手，更仔细地刷牙，认真地浇花，收拾自己的玩具，喂宠物，到大门口取回地上的报纸，到信箱里取回信件，帮忙擦桌子，自己铺床，准备餐桌，饭后把脏的餐具放回厨房，把洗好烘干的衣服叠好放回衣柜，把脏衣服放到装脏衣服的篮子里，自己会准备第二天要穿的衣服。

5~6岁：自己使用厕所，洗手，刷牙，浇花，收拾自己的玩具，喂宠物，到大门口取回地上的报纸，到信箱里取回信件，帮忙擦桌子，铺床，换床单，准备餐桌，饭后把脏餐具放回厨房，把洗好烘干的衣服叠好放回衣柜（会正确整齐地叠不同的衣服），把脏衣服放到装脏衣服的篮子里，自己准备第二天要穿的衣服，自己准备第二天去幼儿园要用的书包和要穿的鞋（以及各种第二天上学要用的东西），收拾房间（会把乱放的东西捡起来并放回原处）。

6~7岁：自己使用厕所，洗手，刷牙，浇花，收拾自己的玩具，喂宠物，到大门口取回地上的报纸，到信箱里取回信件，帮忙擦桌子，铺床，换床单，准备餐桌，饭后把脏餐具放回厨房，在父母的帮助下洗碗盘，自己准备第二天要穿的衣服，自己准备第二天去幼儿园要用的东西，收拾房间。

7~12岁：照顾宠物，做简单的饭，帮忙洗车，擦地，清理洗手间、厕所，扫树叶，扫雪，会用洗衣机和烘干机，把垃圾箱搬到门口街上（在美国，各家定时把垃圾箱放到街边，有垃圾车来收）。

13岁以上：换灯泡，换吸尘器里的垃圾袋，擦室内门及低处窗户的玻璃（里外两面），清理冰箱，清理炉台和烤箱，做饭，列出要买的东西的清单，洗衣服（全过程，包括洗衣服，晾衣服，叠衣服以及放回衣柜），修整草坪。

据美国权威人士研究，那些童年劳动得分最高的人，成年后交游广阔的可能性比童年劳动少的人高出10倍，获得高薪的可能性大4倍，易失业的可能性要小15倍。那些童年时很少劳动的人，犯罪被捕的可能性较高，精神不健全的可能性比经常劳动的孩子大10倍。专家们普遍认为，那些替孩子做一切事情的父母，实际上是害了孩子。

父母必读

※ 从简到繁，从易到难，在家庭中给孩子布置一些适当的任务，如：浇花、打扫卫生、洗洗自己的袜子等，看看孩子能不能独立完成。

※ 当孩子认真完成了家长交付的事，要及时给予孩子鼓励。

第二章
让孩子学会自己管理自己

学会自我管理，是对生存和发展持有的一种积极主动的态度。对自己的生活负责，就等于掌握了开启通向世界大门的金钥匙。

孩子的自我管理能力不是天生的，需要后天的培养和锻炼，父母要从孩子日常生活的点点滴滴开始，给孩子锻炼自我管理能力的机会。

细节⑭

让孩子学会管理自己的时间

身边故事

豆豆一向没有时间观念,这不,上学路上,豆豆东瞧瞧,西逛逛,15分钟的路,走了半小时。听到学校的上课铃声骤然响起,他才慌慌张张地向学校大门奔去。

上课抄写生字,豆豆的眼睛盯着本,就是不写字,那支笔在他手里转来转去,半天了他一个字都没写。

放学回到家写作业,豆豆刚写几个字,又去冰箱取饮料,喝完饮料又想看电视,20分钟过去了,作业本上还是那几个字。

专家解析

富兰克林·德拉诺·罗斯福是美国历史上唯一一位连任四届的总统,他的成功就得益于从小养成的依据时间规律生活的良好习惯。小时候,罗斯福的母亲为他安排了很严格的作息时间表:上午7点起床,8点早餐,跟家庭教师学习2~3个小时后休息,13点吃午饭,午饭后再学习到16点。

我们知道,在一天中的不同时间里,一个人的精力状况是不一样的。美国伊利诺大学的一位医学博士发现:人在上午10~11点注意力和记忆力最好,在下午15~16点创造力最旺盛。小罗斯福的学习恰恰被安排在精力最充沛的这段时间里。在母亲的合理安排、严格要求下,罗斯福从小就养成了依据时间规律生活的习惯,这对他责任感的形成起到了很大的作用。

现在有相当多的父母认为：孩子这么小，不必为他安排严格的作息时间。其实不然。没有规律的生活，不仅影响孩子的学习效率，而且可能养成孩子懒惰、拖沓的毛病。在幼儿园里，一位母亲走上前来，皱着眉头对幼教老师说："我的女儿做什么事情都特别磨蹭，做游戏、穿衣服、吃饭等活动都比同龄的孩子慢很多，效率特别差，怎么跟她讲道理她都听不进去，只有跟她嚷嚷的时候，她才能快一点点，但下一次还是那样。"

正说着，她对一个正在旁边玩的女孩子喊道："宝贝儿，到妈妈这边来。"女孩子听见后便轻轻地挨到她们近前，她长得很文静。母亲说："来，告诉老师，你叫什么？"只听见孩子细小的声音说："曼曼。"母亲接着说道："我真怀疑是因为我给她起错了名字。"

许多父母都有着与这位母亲同样的苦恼：孩子动作太慢，做起事情磨磨蹭蹭，慢条斯理，消耗不必要的时间，降低做事的效率，尤其是穿衣服和吃饭等生活自理方面的事情，显得极为磨蹭。

人应当有效率地生活，不虚度一生，因为时光不等人。时间既是金钱也是生命，荒废时间无疑是对自己对他人的生命极不负责的表现。时间就是测量孩子责任感成长的刻度尺，通过对时间观念的认识，可以培养出孩子对学习目的和人生目标的责任感。

心海导航

读一年级时，小强总是会忽略时间的早晚，上学经常迟到。

现在小强已是四年级的小学生，每天放学回来，他都是在吃饭前把作业做好，晚饭后 7 点左右下楼和朋友玩，7 点半上楼洗漱上床看书，8 点半熄灯休息，如果是周末，在楼下玩的时间就可以延长到 8 点。为了培养这样一个良好的作息习惯，父母也曾经为他费了一些功夫。

最初制订这个作息计划时，家长疏忽了周末的因素，笼统地要求 7 点半上楼。第一周的几天内，在父母的提醒下，小强都能较好地遵守。周五这晚，小强又下

楼玩去了，到了 7 点半，他没有上楼。妈妈并没有喊他，想看他玩到什么时间会想起回来。

8 点半的时候，小强回家了，一副玩得很兴奋的样子。妈妈开门见山地问他："几点了？"他说："妈妈，我知道晚了，可我想着是星期五，明天不上学，可以多玩一会儿吧。"

看来对这件事还没有引起小强足够的重视，妈妈并不是在意他多玩了一个小时，而是必须要让他明白一个道理，定好的制度和计划一定要严格遵守。于是就对儿子说："关键不在于你多玩多长时间，而是在于你没有按照平时制定的作息时间来执行，我们规定是玩到 7 点半，并没有把周末单列出来，而且 7 点半的时候你也没有通知我，就玩到了 8 点半才回来，这是不对的。在这种情况下，你应该按照作息计划，准时回来，回来之后你有什么想法可以跟我商量，我同意了之后你可以再下楼继续玩，过后我们也可以把这个作息计划再作补充和修改。虽然这是一件很简单的事情，但是良好的行为习惯都是从许多这样简单细小的事情中养成的，如果你在平时的生活中散漫拖沓，那就更不能保证在学习中会有严谨认真的态度，一种行为习惯是贯穿于一个人的生活和学习各方面的。"

小强是个责任感很强的孩子，立刻认同了妈妈的说法，并且母子俩马上就把这个规定作了补充，周五、周六晚饭后在楼下玩的时间可以延长半个小时到 8 点。从那时到现在的几年中，小强一直非常自觉自愿地遵守这个作息时间，并且逐渐养成了一个习惯，就是时间观念非常强，上学从来不迟到，作业在第一时间做好，做事情都是干脆利落，不拖泥带水。

父母必读

※ 不妨做一个科学合理的作息时间表，把孩子的日常生活安排得有条不紊，以保证他们能在精力最旺盛的时间里学习，在紧张的学习之后得到轻松、愉快的休息。

※ 爸妈每天提示孩子睡觉的时间，早睡早起才不会迟到哦！

※ 教育孩子在睡觉前,把袜子放到鞋子旁,外衣放在裤子上,内衣放在最上面。这样,早晨起床,先穿内衣,再穿外衣,然后穿裤子、穿袜、穿鞋。这样有次序地放鞋、袜、裤、衣,大大节省了时间,上学再也不迟到啦!

※ 孩子走在路上时,要马上教育孩子走马路内侧,防止被逆行的人和路边的车撞到。

※ 教育孩子写作业时注意力集中,不溜号。

※ 良好的行为习惯是一点一滴养成的,从日常不起眼的小事抓起,才能培养孩子良好的行为习惯,有利于孩子品格的塑造。

细节 ⑮

让孩子学会管理自己的学习

↘ 身边故事

早上7点,妈妈着急地叫道:"文文,快起床,妈妈要上班了,早餐放在桌子上,吃完了把杯子洗一下。走之前,把书包检查一下,别又忘了带东西,走时把门锁好!文文,听见没有啊?"

文文懒洋洋地说:"哎呀,知道了!"他慢慢地爬起来,穿好衣服。一看表,快迟到了,哎,书包哪去了?东翻西找一通后终于找到书包了,文文拎起书包,开门就跑。

一进教室,上课铃就响了,老师走了进来,这节是数学课。文文开始找书:"我的数学书哪去了?"他翻了半天,也没找到,原来自己忘带数学书了!

专家解析

于茉茉现在是一所名校的在读研究生,她责任心强,做事细心,得到导师很高的评价。于茉茉读小学的时候也常忘这忘那的。上小学三年级时,一次她忘记带语文作业本,赶紧打电话回家求爸爸帮她送过去。没想到,爸爸在电话里很干脆地说:"没带作业本是你自己犯的错误,爸爸没有时间给你送过去,你自己要承担后果。"然后,电话就被"啪"地挂掉了。

爸爸那边电话一挂,当时于茉茉的眼泪就流出来了,那一瞬让她十几年后仍然记忆深刻。

爸爸挂电话的动作是威严的。于茉茉被语文老师批评了一顿,并被罚抄写两遍课文。下午,于茉茉回到家里,一开门,看见爸爸正坐在客厅里看报纸,于茉茉明白了,爸爸并不是没有时间给她送作业本。

这时,爸爸抬起头来问她:"今天有没有被老师处罚?"于茉茉点点头。爸爸说话了:"爸爸教你一个方法,保证你往后绝对不会因为这种事被老师处罚。"爸爸这么一讲,于茉茉的眼睛就亮了:"什么方法,爸爸,赶快告诉我。"爸爸说:"只要你每天睡觉以前,写好一个备忘本,把明天要上的课本放进来,放进一本,做个记号;要完成的作业也一样。备忘本上都做上记号了,表示你的东西都放好了,这样就不会被责罚了。"爸爸就用这种方法训练了于茉茉管理自己生活的能力。

孩子的管理能力并不是一蹴而就的,很多能力都是日积月累的,绝对不是瞬间能够形成的。

心海导航

如果你是公司的老总,看到一个名牌大学出来的高材生桌子上的东西乱七八糟,你大概不会重用他。

因为一个人连生活都管不好,是无法管好公司的。从一个人的生活可以看出他的能力和处事方法。如果一个人的生活有条不紊,他思考问题、面对事务就能有条不紊;相反,如果一个人生活乱七八糟,他做事也好不到哪里去。

让孩子从小养成好习惯,学会自我管理,建立好整个生活规范,这样,孩子长大后做起事来才会让人放心,对人也会非常恭谦,自然能赢得很多领导者对他的喜爱,自然能得到上司的提拔。

所以在孩子读小学时,家长最重要的就是要把他做人做事的根基打牢。只花三五年的时间培养孩子的好习惯,可以让你的孩子一生受益。

孩子尚处于成长之中,他对一些事情表现出没有责任感也是正常的,因为他许多时候的确不太清楚这样会有对他什么不好的影响,所以为了培养孩子的责任感,家长可以适当地让孩子品尝一下办事情不负责任的苦果。孩子如果一而再地受到自己造成的后果的惩罚,他自然就会提高警惕,下次做事情的时候自然就不会再马马虎虎、草率了事了。

父母必读

※ 孩子忘了带课本或作业本,当他打电话央求父母给他送去,家长不妨拒绝孩子的要求,尽管让他去挨老师的批评好了,孩子尝到了苦头之后就会多长点记性。

※ 孩子平时喜欢乱拿乱放东西,提醒他多次也不起作用,当孩子急需找某件东西时,家长不要顾忌影响孩子的作业而帮他找,尽管让他费时费力地去找好了,反正作业总归是要完成的,他耽误的时间越长他就只能休息得越晚,给他留下的印象也就会越深刻。

※ 让孩子长记性的同时,也要教孩子改正的技巧和方法,比如记事本、列条目等。

细节 16

不要让孩子成为"小·马虎"

身边故事

成康读小学二年级了,平日成绩挺好的,爸爸妈妈给他出的题他都能做出来,而且又快又好,常把爸爸妈妈乐得合不拢嘴。可每次考试,他都只能考六七十分。

爸爸妈妈开始觉得挺奇怪的,后来检查他的试卷,才发现好多题不是他做不出来,而是他太马虎了,不是小数点点错了位置,就是少写了一个数字,更离谱的,竟然还漏掉题没做。

爸爸妈妈为此费了不少心思,又是叮嘱,又是引导,可一到了考试的时候,他马虎粗心的毛病仍然照犯。每次考完试,他都信心满满地说考得挺好,题全都会做,可卷子一发下来,就不是那么回事了,不是这儿漏了一个数,就是那儿少做了一道题。拿落下忘做的题问他,他又都会。平时做作业有爸妈看着还好,就是考试时总是马虎。

专家解析

孩子马虎、粗心的毛病,多半是因为家长不重视,认为这只是小毛病,没能在小时候给儿童养成细心认真的好习惯。

粗心的毛病容易给人带来麻烦,不仅会影响孩子的学习成绩、升学考试,还有可能给家里的生活带来不幸,给社会带来灾难。例如,在精密的航天设计、装配过程中,如果因为马虎而看错了小数点儿,或者粗心大意装错了零件,由此而造成的损失和灾难将是难以估计的。因此,"小马虎"从表面上看似乎不是什么大毛病,但若不及时纠正,却可能造成严重后果。

引起马虎的原因,多与家长和儿童两方面有关系。在家长方面,如果在儿童幼年时期没有对他们进行系统的训练,或是常让孩子一心二用,边看电视边写作业,或是让孩子在一个嘈杂混乱的环境里学习,都有可能养成儿童粗心马虎的毛病。在儿童方面,表现为缺乏责任心,对考试不够重视,稀里糊涂粗心大意。所以,建议父母们细心观察,先找出孩子马虎粗心的原因,然后再对症下药。

要孩子克服马虎的毛病,需要家长、老师的指导和帮助。尤其是才上小学一二年级的孩子,他们还不能完全适应新的校园生活,对大量的课程和考试还都很陌生,还没有养成应对考试的良好习惯,这就需要家长和教师在日常的学习生活中多加引导。

有的家长,不管孩子是不是正在学习,都把电视机开着,或者自己打牌搓麻将,这些做法都会造成对儿童的干扰,使他不能集中精力去学习,久而久之,孩子便养成了一心二用的坏习惯。有的儿童放学回家以后,总是先打开电视,然后边看边写作业,或者耳朵上戴着耳机,一边摇头晃脑地唱着歌儿,一边做习题。试想,这样怎么能聚精会神呢?不马虎才怪!

有的父母对自身要求不是很严格,这对孩子的影响也不好。如果一个孩子生活在杂乱无章的家庭中,什么东西都可以乱放,没有稳定的作息习惯,就会使孩子养成粗心、马虎、无序的生活习惯。

这样的现象是没有责任感的一种表现,责任感是任何人要做好一件事情的前提。孩子对什么事情都敷衍了事,草草出兵,草草收兵,必然做不好。有了责任感以后,才会谨慎从事,细致认真,不敢有半点儿马虎。要培养儿童的责任感,光靠说教不行,要靠平日里的习惯培养。

心海导航

小虎这次语文考试得了 **96** 分,是全班第一名,听着老师的夸奖,看着同学们

羡慕的眼神,小虎别提心中多高兴了,她心想,这下妈妈要好好奖励我了,我要让妈妈星期天陪我去动物园。

回到家里,小虎就大声叫在厨房里做饭的妈妈:"妈妈,妈妈,我语文考试考了第一名。"

妈妈一听,也高兴了,走出厨房:"哟,小虎真聪明,妈妈要好好奖励你!"

小虎得意地把手中的试卷递给妈妈,指着老师批改的鲜艳的分数说:"老师说了,我考的不但是全班第一,还是全年级第一!"

妈妈把试卷接过来,先微笑着看了看分数,再看老师打叉的部分,她指着题问小虎:"你怎么把食指写成了十指啊?"

小虎毫不在乎地说:"不就错了一个字吗?老师扣了我两分。"

妈妈看着小虎,严肃地说:"小虎,这不是一个字的问题。你想想,妈妈是医生,如果病人的食指要动手术割掉,妈妈写成'十指要动手术割掉',那病人就10个手指头全没有了!"

小虎一听,想到妈妈的比方,高兴劲儿全没了,她意识到虽然只是错了一个字,也会造成难以想象的后果。

以后,小虎再也不像这样马虎了,她做完作业,总是认认真真地再检查一遍,小马虎的毛病,再也没有犯过了。

如果小虎的妈妈光顾着沉浸在女儿考了全年级第一的喜悦里,对女儿粗心的小毛病不加以教导而是忽略过去,小虎是不会像现在这样,彻底改掉马虎粗心的毛病的。

父母要抓住一点一滴的孩子可能马虎的小事情加以引导和教育,让孩子知道粗心大意可能会引发的后果。孩子在父母的严格要求下,自然会慢慢改掉这种不良的习惯。

父母必读

※ 父母可以给孩子派一样劳动,让他负责扫地或洗碗,这就是他的责任,干

好了要给以鼓励或奖励,干不好家长不能客气,应要求他重来一遍,直至干好为止。总之,就是让他对自己的一摊子事儿负起责任来。这样,就会逐渐地培养起他的责任心,在遇事时不至于敷衍了事。

※ 许多生活习惯都是长期培养起来的。家长们应在家庭中创造一种有序的生活,做什么事情都要尽量有规律,不要打破"陈规",家里的摆放要整齐,有固定的地点。在生活上养成了谨慎的习惯后,在学习上也会逐渐细心起来。

※ 培养儿童集中精力的好习惯。不要一边看电视一边做作业,一心二用。

※ 引起儿童对考试的重视。虽然我们曾多次呼吁家长和老师不要过分看重分数,不要给孩子施加太多的考试压力,但这并不意味着让孩子轻视考试,对考试漫不经心。考试毕竟是检验孩子学习状况的一种手段,应该让孩子重视起来。

※ 性格外向的孩子更易患马虎大意的毛病,所以,更需要家长在性格上多加培养,引导他们遇事认真、谨慎。

细节 ⑰

给孩子承担责任的机会

身边故事

晟成正在院子里开心地玩,他一会儿摆动着胳膊,做出飞机飞翔的样子;一会儿把玩具堆成一座小山;一会儿学青蛙的样子跳来跳去……就在他学飞机做一个"俯冲"动作时,他被旁边一把椅子绊了一下,摔倒了。晟成大声哭了起来。

这时,妈妈听到哭声,匆匆从厨房里跑出来,看看倒在一边的椅子和放声大

哭的晟成,她过来一边抱起孩子,一边说:"晟成不哭,晟成乖,椅子坏,椅子绊了晟成,妈妈打椅子。"然后把椅子重重拍了两下,晟成止住了哭声,也跑过去打"坏椅子"。

专家解析

一位美国妈妈在客厅里看书,她 5 岁的孩子汤姆在客厅走动,不小心被茶几碰倒,顿时大哭起来。那位美国妈妈听到儿子的哭声,就过来把他扶起,既没有安慰儿子,也没有拍打茶几,而是郑重其事地说:儿子,你再重新走一遍!于是汤姆又走了一遍。结果这次没有碰到茶几。

美国妈妈蹲下身子,这样教育儿子说:汤姆,走路会碰到茶几,一般有 3 种情况,一是因为走得太快,二是走路的时候没有看到前面有什么东西,三是走路的时候脑子里在想着别的东西。你刚才被茶几碰倒,想一想是哪一种情况呢?

在孩子成长的过程中,我们给他安排着一切:督促他学习、督促他练琴、督促他画画⋯⋯就这样,我们一次一次地剥夺了孩子承担责任的机会。在孩子的眼里,就形成了这样的看法:所有的人都该为我着想,所有的责任都该由别人承担。

孩子长大以后,突然有一天,所有的人又异口同声地对孩子说:"要有责任感,要对自己的事负责任!"

孩子怎么可能突然就能负起责任呢?

心海导航

晟成母亲的教子行为,在中国家庭看来,可以说是司空见惯,不足为奇。似乎,从我们妈妈的妈妈开始,每当幼小的孩子与周围的世界发生矛盾时,妈妈们就是这样处理的。在这种几乎不讲道理的呵护下,孩子接受了最初的责任教育。

实际上,我们大家都知道,错误并不在那把椅子,是他自己的原因。而晟成妈的表现好像也没错,因为妈妈们认为孩子还小,什么都不懂,觉得只要他不

哭就好,她是想安慰儿子,让孩子不再哭泣。于是,她错过了最初的,也是最合适教育孩子责任感的时机。

这位儿子会从被椅子碰倒的"疼痛"中吸取"教训"吗?我想是不会的,他已经在妈妈的教导下,把所有的错误都归给了椅子,他自己没有错。这样的教育方法让孩子很容易想到推脱责任,不能自我反省。当他以后被人生路上的一些"绊脚石"绊倒的时候,他也会养成找各种客观理由不愿意自责自省的坏习惯。

我们应当让孩子知道,如果是他做错了事,责任就应当由他自己来负,只有这样,他以后才会慢慢懂得,在他与这个世界发生关系时,他应负的责任是什么。

从认知的角度来说,这个转折需要一个过程,甚至可以说是一个漫长的过程。但是,很多家长在孩子成长到某个阶段,意识到该他自己负责任了,就急于求成,说破了嘴,费尽了神,可孩子依然我行我素,满不在乎,因为孩子不负责任的习惯已经被养成了。

看到没有责任感的孩子,家长感到很痛苦,也很茫然,深感力不从心。确实,是我们曾经错过了一次次培养孩子责任感的机会。

但是,亡羊补牢,为时未晚。培养孩子的责任感,什么时候都不晚,只不过越晚难度越大而已,我们对孩子要有更多的耐心,更多的关注。不是有这么一句话吗,"人最大的财富是年轻",就是说,年轻人不怕犯错误、不怕摔跤,不要怕孩子吃苦,让他自己去承担责任。坚信一条:只要家长放手了,孩子的责任感就建立了。

父母必读

※ 不论孩子有什么样的过失,只要他具备承担责任的能力,就要让他去勇敢地面对。

※ 孩子因为自己不小心而吃了亏,家长不要帮着孩子把责任推到别的人或物身上,要让孩子勇敢地自己承担。

※ 任何事情都有两面,让孩子学会从自己身上找原因。

细节18

为孩子设定一个"跳一跳,够得着"的小·目标

身边故事

欣文是小学一年级的学生,放暑假了,姑姑的儿子景文来家里小住。景文也是刚进入一年级,两个孩子在一起玩,一起做作业,十分开心。欣文有个坏习惯,喜欢把东西乱扔,爸爸为了纠正他这点,故意当着欣文的面夸奖景文做事有条理,不乱扔东西。爸爸以为有景文做榜样,欣文会很快改掉坏习惯。可是才过去一星期,爸爸就发现出了问题,欣文不但没有改正,反倒再也不喜欢跟景文一起玩了,也不让景文玩他的东西,一次两个孩子吵架,欣文还要爸爸把景文赶回家。爸爸改变方法,以后在表扬景文的时候,也尽量表扬欣文,哪怕只是一点小小的进步。才过去 3 天,欣文再也不和景文吵了,两个孩子又开开心心地玩在一起,而且,因为爸爸的不断表扬和景文的影响,欣文再也不乱扔东西了。

专家解析

"赏识"不能简单等同于"赞扬"或"奖励",如果说后两者更多地针对孩子已完成的良好行为、已取得的优秀成绩,目的是给予孩子肯定的评价,那么,赏识的更大作用应该是针对孩子做事的过程、努力的过程,目的是让孩子有坚持下去的理由,并有信心坚持下去。

总让孩子努力,却总不让孩子尝到成功的甜头,他哪来动力呢?让孩子品尝成功的甜头有个诀窍,不妨称为"够苹果原理":跳一跳,够得着。父母必须在接纳

孩子目前成绩的前提下,承认孩子与别人之间的差异,面对孩子每一次的成功与失败,要像最初教孩子说话和走路那样,对未来充满信心与希望。制定的目标要针对孩子的实际情况,不要把尺度定得太高,要定在孩子够得着的范围之内。让孩子在成功的良好感觉下轻松愉快地飞翔,否则只能痛苦而缓慢地爬行。

不要认为赏识就是一定要夸奖孩子。针对孩子的实际情况,为孩子设定一个"够得着"的小目标,这本身就是一种有效的赏识,而且这种情况下的赏识不会产生"副作用"。

设定一个合适的目标。"跳一跳,够得着"是很好的形容。如果孩子不需要跳起来就够得着,那就失去了目标的意义。但如果跳起来也够不着,那就不能让孩子获得成功和自信,反而可能让孩子感觉沮丧。

心海导航

父母应该对孩子的能力和现实条件有一个正确认识,切忌急于求成,在目标设定时应该和孩子一起决定,这样不仅能听取孩子的意见,也能让孩子更有积极性。当然,要考虑给孩子设定一个只要努力就一定能够得着的目标。

强化孩子的目标意识,让这个目标在孩子心中扎根。比如可以把目标写在墙上悬挂的黑板上,或者用彩色纸写好贴在墙上。如果目标有一定的时间限度,那么再给孩子一本"目标日历",显著地标明目标应该完成的那一天。

赏识最发挥作用的时候,应该是孩子想"跳"又有点怕的时候。这时,"赏识"就是一只有力的手,把孩子向上用力推一把。

尽量少用奖励诱惑孩子。孩子毕竟不是马戏团的动物,"奖励"虽然会起到效果,但也常会有副作用。我们要让孩子前进的动力来自自身,而不是外在的诱惑。

不要过分强调孩子的潜能,不要强调孩子"一定能行"。这种办法对一部分孩子管用,而对另一些天性比较胆怯的孩子来说,可能反而增加了心理负担。

给孩子一个示范。如果你玩过一些刺激性的游戏,比如拓展或蹦极,你就会

有这种体验,你前面的那个人对你有很大的影响。如果排在你前面的人玩得很顺利,而且一副兴高采烈的样子,你也会跃跃欲试;相反,如果他怕得要死,你恐怕也会有些犹豫。孩子更是这样,给他一个漂亮的示范,孩子的信心就会增强。

解除后顾之忧。跟孩子说一句:"你放手去做,做好了算你的,做坏了算我的。"让孩子解除对失败的恐惧,这也有利于增强孩子的勇气。

失败的时候也要赏识吗?有些父母可能不解。其实,孩子失败的时候可能更需要这件武器。如果这时不"赏识"孩子,孩子可能得到的不仅是失败,而且还有失败留给他的沮丧心情,这可比失败本身可怕多了。而有了赏识这件武器,孩子就能从失败中得到一些可贵的东西。

不要讳言孩子的失败。失败就是失败,怎么样也不能把失败说成是成功,这是没有说服力的。同时,也不能把失败归因于客观因素,让孩子面对自己的失败,这是第一课,也是很重要的一课。父母不妨多与孩子讲讲人们失败的例子,历史故事也好,名人轶事也好,自己的亲身经历也好。总之,让孩子知道,失败是每天每时每刻都在发生的,每个人都会遇上的,这是人生的常态。

让孩子想"我得到了什么"。成功与失败并不是对立的,它们不过是一种比较,有时,成功只是比失败多了一点点。而无论成功或失败,都比完全不做要好。

父母必读

※ 让孩子养成一个习惯:在晚上睡觉前问自己一个问题,今天,我为我的目标做了些什么。不要求孩子记日记,但鼓励孩子在"目标日历"上写点或画点什么,比如画上一张笑脸。

※ 在小目标达成后给予适当奖励。奖励最好是非物质的,比如,在那天的晚餐时,给孩子的座位放一个好看的垫子,让孩子在晚饭前"致词",全家人表示庆贺。也可以参照我们上面的做法,让孩子自己给自己"颁奖"。或者让孩子选择一件他自己喜欢做的事,看电影、打电脑游戏,或者去他喜欢的餐厅吃饭。

※ 让孩子想象。让孩子设想自己成功的样子,在头脑里细致地描绘这幅图

画,让它越来越清晰,清晰到如同身临其境。这种方法在心理学上已经得到了肯定,它能有效地增强人的信心。

※ 调节孩子的情绪。让孩子放松心情,方式当然多种多样,听音乐、看电影、打球、散步,等等。总之,让孩子从沮丧中摆脱出来。

细节⑲

孩子的学习固然重要,但也要关心身边事

身边故事

一天,刘星的妈妈无奈地对他阿姨说:"刘星都上小学四年级了,可是在学校里除了对学习还有点进取心外,对其他事情都是不管不问,连值日扫地也极不负责,应付了事,总是要其他同学帮他收'尾巴'。在家里也是,看见东西掉地上了,就直接跨过去,像没看见一样。"

读四年级的孩子已经是大孩子了,的确应该知道要负起责任。怎样培养孩子的责任感呢?

专家解析

孩子缺乏责任感,往往和家庭教育有很大的关系。现在的父母,特别注重孩子的学习成绩,而忽略了对孩子进行道德品质方面的培养。结果孩子只注重学习,认为学习之外的事情一律与自己无关。

如今,小学生缺乏责任感是一个普遍现象。一些孩子不喜欢做值日、干家务活;做事虎头蛇尾,有始无终;对父母态度恶劣,喜怒无常……造成这种现象的

原因是多方面的,比如,自觉性还没有很好地形成,自制力比较差,耐性不够等。然而,只要家长深究原因就会发现,最主要的还是孩子身上缺乏责任感。

不要说刘星还是个小学生,就是一些上了中学的孩子,做事还是那样虎头蛇尾,学习自觉性、耐劳性差;对成绩优劣无所谓,对爸妈态度恶劣,喜怒无常……

刘星之所以会如此,是因为他没有意识到责任,具体原因有以下几种:比如父母包办得多,凡事不需要他动手,不要他操心,所以他也就乐得不动手,而形成了一种不爱动手、不必操心,也不用关心的习惯;或者他的意识里,认为这些事做与不做一个样,只有学习搞好了才能得到别人的重视,因而忽略这些细节。

古时候有个小孩子很聪明伶俐,但房间里却很乱。一天他父亲的朋友过来拜访,看到了,批评他房间太乱,应该打扫打扫。小孩子回答说:"大丈夫志在天下,安事一屋?"他父亲的朋友反驳:"一室不扫,安能扫天下?"

孩子重视学习是好事,但若是对身边的事都不管不顾,即使学习成绩拔尖,也不能成为社会的有用之材,因为他没有责任感,以后走上社会,必会因为这个习惯而无法在社会上立足。

心海导航

毛毛和小安是小哥俩,这天,兄弟俩在院子里玩纸飞机,因为共争一个纸飞机吵了起来,毛毛一生气,几下就把那纸飞机撕碎,碎纸扔在院子里,被风一吹,满地都是。毛毛自己跑到一边玩球去了。

小安开始大哭,哭着哭着慢慢停下来,后来也跑到另一边去和小伙伴跳皮筋。

奶奶从屋里出来,见院子里很多碎纸,蹒跚着过来扫地。人老了,腿脚不便,奶奶一不小心就摔在地上。小哥俩只顾玩得欢,都没朝奶奶看一眼。

孩子对身边的人和事漠不关心时,家长应予以重视,但对于成长中的孩子,单一的教育方式可能无法取得更好的效果,家长不妨换一种孩子可以接受的方式。

要想孩子对事关心，首先让孩子对人关心，第一步，得培养孩子心中有他人的情操。

家长对孩子迁就、纵容、包庇、无条件满足孩子的一切要求，会使孩子错误地认为，别人关心自己是天经地义的，而从不会想去关心别人，这样就逐渐养成了自私自利、唯我独尊、骄横任性的性格。

培养孩子心里有他人的情操，首先要从小做起，从小事做起。例如饭桌上有孩子爱吃的东西，应教孩子怎么照顾到每一位家庭成员；生日时，教会孩子怎样让家里人一起分享他的快乐；父母工作忙，应教孩子学会帮忙做家务；无论谁生病了，教会孩子要关心照顾病人；生活在公寓里，教会孩子不能影响他人休息，损害他人利益，等等。家长还要教育和鼓励孩子在集体生活中懂得关心帮助同学，懂得关心集体；在社会生活中，懂得关心帮助周围有困难的人。总之，家长可利用各种机会，培养孩子关心别人，为他人着想这样一种良好的心理素质。久而久之，孩子心里想的就不会完全是自己，为将来成为一个善良正直的人打下了基础。

父母必读

※ 平时通过言行多教育孩子关心自己的亲人和家庭。现在的孩子大多是独生子女，他们不仅能得到父母的关爱，还有爷爷奶奶甚至是外公外婆的疼爱，可以说孩子生活在爱的蜜罐里。还有的家长由于过分地爱孩子，造成溺爱，使得孩子产生一种错误的认识，认为这一切是应该的，是理所当然的，进而产生一种唯我独尊、麻木不仁的心理。

※ 家长应要求孩子主动关心家里的老人、病人和比自己年幼的弟、妹，培养孩子的爱心，即在得到爱的同时，也要爱别人。

※ 家长要孩子做一些力所能及的家务劳动，让孩子在家庭生活的磨炼中形成责任感，逐渐上升为对家庭、对父母负责，进而对国家、对民族、对社会、对全人类负责。

※ 随时建议孩子去帮助身边的亲人,如爷爷、奶奶、姥姥、姥爷,为他们做一些力所能及的事情。比如为爷爷倒一杯水,为姥姥去买治胃病的药,等等。然后,父母要及时地给予表扬。通过帮助别人一点一滴的小事,让孩子找到价值感,从而树立孩子的责任心。

细节⑳

不要限制孩子的思维,让孩子多独立思考

身边故事

周周 7 岁,刚从幼儿园大班升小学。无论在学校还是邻里间,大家都夸他是个乖巧、听话的好孩子。他从不调皮,不和小朋友们打架,也不和人争吵。在家里,大人让周周做什么,他就做什么,让他怎么做,他就怎么做,表现得十分听话,从不给爸妈惹麻烦;和小朋友一起玩时,周周也总是按小朋友的意愿做事,小朋友让他怎么做,他就顺从别人的领导,很少有自己的想法;在学校里,当老师教了一种解题的方法时,他就只认真记着这种解题方法,不再尝试其他的方法。

专家解析

有很多父母在教育上存在这样一个误区,觉得孩子任性不如乖巧好,调皮的孩子难以管束教育,而乖巧的孩子却让父母放心。

这所谓的乖巧,就是要孩子听话,父母说什么,孩子做什么,而且按父母的意愿做得很不错,不会突发奇想地让大人来收拾他不听话惹来的乱摊子;希望孩子按自己的意愿生活、成长。

这种观念,对孩子的创造力和自主性是一种扼杀,孩子虽然还小,但他也有自己的思维能力,父母一味限制,"不准"这不准那,孩子的思维被这些"不准"所限制,即使有些什么想法,也很快被父母扼杀在萌芽状态。时间久了,孩子也就习惯于什么都不思考,由着父母的心意做事,不会出错,还能得到表扬;由着别人的心意做事,不会被否定,错了也不必由自己来承担什么责任。

乖巧的孩子一般没有什么主见,就像上文的周周,要他做什么就做什么,要他怎么做就怎么做,不但没有主见,也没有创新。

这样,孩子长大后,性格方面会比较懦弱,不能承担重任,自然本身也不敢承担责任。走入社会,是不会有公司愿意聘用这样没有创新精神,不敢承担责任,只能唯唯诺诺,别人说什么就做什么的人的。

当孩子很听话的时候,家长不应该感觉欣慰,而应该反省是否是自己的教育方式不当,限制了孩子的思维。家长应该考虑如何让孩子多独立思考,有自主能力。

心海导航

小学三年级的学生黄真平时十分乖巧,认识他的人都夸他乖,夸他懂事。在学校里他做值日认真,作业本清洁,字也写得一丝不苟。不过他的成绩在班里一直是中等。也不是黄真不用心,他也挺努力的,老师教的知识,他都认真地学,可成绩就是上不去。

原来他从不举手发言。老师讲什么,他记什么,老师教什么,他学什么。之所以会如此,是因为从小他爸妈就要求他听话:玩具玩后一定要放到哪里,衣服不准弄脏,吃饭不准挑食,9点钟之前必须睡觉……

黄真——照做,从来没有不听话过。

诚然,孩子听话、乖巧可以省却父母许多力气,而且不用操心他在外面和小朋友闹矛盾。但如果孩子表现得过于顺从,凡事没有主见,总是模仿别人,就不是一种好现象了,这对孩子今后个性的健康发展是不利的。孩子缺乏主见的原因主要

有3个方面:第一,孩子喜欢模仿,容易盲从;第二,家长、教师本来就是孩子心目中的权威,再加上有些家长习惯于替孩子设想一切,所以容易造成孩子唯命是从,不敢干甚至不敢想违背家长或教师意愿的事情;第三,有些家长因为工作忙,和孩子之间缺乏沟通,不理解孩子,往往造成孩子的畏惧心理,不敢说、不敢做自己想做的事情。

父母必读

※ 让孩子做主。"小事"由孩子自己安排,如过生日请哪些小朋友,到商店买什么样的衣服,选择什么玩具等。"大事"给孩子提供参与的机会,如房间的布置,可以和孩子一起筹划设计方案,鼓励孩子提出自己的建议,如果可行,则尽量采纳其建议。

※ 教会孩子说"不"。要使孩子有主见,必须破除孩子对权威的迷信。家长可以和孩子一起玩"说不"游戏,家长有意出错,让孩子挑出错误的地方。比如,家长说:"桌子、椅子、床头柜、毛巾被都是可以用的东西,都是家具。"孩子说:"不对,毛巾被是可以用的东西,但不是家具。"告诉孩子,无论大人还是孩子,都有可能出错。孩子意识到这一点,就不会盲从别人、模仿别人了。

※ 和孩子一起做家庭智力游戏。家长可以找出一个主题或者难题,让孩子想出多种方法解答。如小猴不小心掉进猎人为抓大灰狼而设的陷阱里了,它该怎么办呀?人在什么情况下容易口渴?引导孩子进行发散性思维,并提出解决问题的多种方法。

※ 在做游戏时,家长应该注意:不要滥加指责与批评;孩子的答案越奇怪越新鲜越好;数量越多越好;想的办法越实用越好。这样可以使孩子认识到解决问题的途径是多种多样的,自己原来也有很多好主意。这样做不但能增强孩子的自信心,同时也能提高孩子的主见性。

细节21

过分的呵护,只会让孩子丧失责任感

身边故事

　　吃橘子由家长剥皮、上学由家长背书包、参加课外培训由家长陪伴着……这种"家长过分溺爱孩子、学生过度依赖家长"的现象像流行病一样在很多家庭蔓延。

　　在某省城一家以青少年为主要培训对象的大型社会办学点现场,有的孩子上课4次后还不知道自己在哪个教室。约90%的学生由家长护送到教学区门口,有的孩子甚至有多位家长护送;在参加培训的学生中,自己背着书包的只有60%;在教学区门口,绝大多数家长能配合管理人员,让孩子自己走进教学区、走向教室,但是不听劝阻、强行带着孩子进学校的家长也大有人在。一位中年男子不顾管理人员苦口婆心的劝告,带着自己上三年级的女儿冲过值班室,负责管理的老先生追上去希望他停下来,可该男子竟说"小孩弄不清教室在哪儿"。不少家长编出种种理由,帮孩子背着书包送到教室。上课铃响过后,还有家长和学生陆续赶来,部分迟到的学生仍是不急不忙,家长却听之任之;当管理人员催促学生快点时,家长却说:"这孩子早晨起不来。"

专家解析

　　现在的孩子都是一根独苗,捧在手中,贴在胸口,含在嘴里,样样事情父母包办代替,背书包,拿水杯;有的父母对子女的一切大包大揽,连子女力所能及的事情都舍不得让他们做,已会用勺子吃饭,仍要喂他;孩子已到七八岁,仍要

同床睡眠;有些父母甚至将子女的活动范围也完全限制在自己的视线内。

因为大部分家庭只有一个孩子,家长们疼爱孩子的心情是可以理解的,但某些家庭的全家注意力都集中在孩子身上,对他们百依百顺,爱护备至,孩子已会做的事,也代他们做,这就是溺爱。溺爱者,损害也。英文字"Spoil",意即溺爱损害。

被溺爱的儿童长大后,非但不能"成龙成凤",而且往往独立性差,依赖性重,以自我为中心,不易适应社会环境,人际关系不良,情绪不稳定,遇事优柔寡断,好钻牛角尖,缺乏解决问题、困难、矛盾的能力和毅力,不敢承担责任,缺乏必有的责任感。

被溺爱的儿童进入小学后,上述不良特点就显露出来了。他们往往不易适应学校环境,逃学,与同学、老师闹别扭,学习困难,易患心理障碍或精神疾病。

只需稍加观察,就可以发现家长溺爱所关照的并不是孩子的心,而是孩子表面的需要。孩子喜欢吃,他就满足孩子的吃,锻炼身体反而会被很多家长忽视。很短的路程,本来应该是锻炼走路的好机会,可是一律要"打的";孩子想干家务劳动,家长不同意。由于长期不干事情,造成孩子动作不协调,然后又不得不花掉大量的钱去进行"感觉统合训练"。

心海导航

很多家长分不清自己的爱是溺爱孩子,还是智爱孩子。爱并不是坏事情,对孩子的爱应该越多越好,实在没有必要收起一半。高尔基说过:"爱孩子,那是连母鸡也会做的事,而真正要教育他们则是一件大事了。"只懂得物质上满足孩子的爱,严格说已经够不上爱的现代水准。

关心不仅要关照孩子的物质需要,更重要的应该关照孩子责任感的培养。有一个叫向向的孩子爱吃冰激凌,爱去麦当劳、肯德基,只懂得娇惯的家长就把他养成了一个爱偏食的"小胖墩",促成了自私、懒惰、不负责任的坏毛病,学习却一塌糊涂。在幼儿园,向向考试得了零分,回家还唱着说:"三二一,大零分。"家长

不但不着急,反而哈哈大笑,夸赞孩子有才。向向上了小学以后,学习成绩更是连连下降,家长这时醒悟过来,企图用各种方式改变向向的贪吃,让他能好好学习,甚至以经济手段逼迫孩子下苦功。但向向贪吃已成习惯,在家里翻不到现金,就把爸爸收集多年的几本珍贵的集邮册连同旧报纸卖给了收废品的人,然后去买零食。父母这时只剩下了恼恨却无计可施。

过度溺爱、过分包办,孩子自然就对家庭、对社会缺乏责任感,长此以往,孩子的自理能力确实让人担忧。

父母应该要让孩子知道,自己已经长大了,生活、学习不能完全依靠父母和老师,自己能做的事自己做,遇到问题和困难自己要想办法解决。应该让孩子参加一些力所能及的劳动,学点简单的劳动技能,会开、关门窗,扫地、抹桌椅等;培养孩子生活自理能力,逐渐减少父母或其他成人的照顾,逐步培养孩子独立生活的能力。如果过分呵护,会严重干扰孩子身心的正常发展,导致孩子缺乏独立的生活能力,社交困难,丧失对自己负责、对社会负责的责任感。

⌐ 父母必读

※ 逐渐减少依赖性。孩子刚生下来,百分之百在生活上要依靠母亲和家人。但一个有作为的人,必须有良好的独立性。所以在育儿过程中,要逐渐减少孩子的依赖性,培养其独立性。孩子已经会做的事,要鼓励他(她)自己去做,不要包办代替。有条件的家庭,尽早让孩子独居一室,以培养其独立性。

※ 培养进取心。让孩子树立正确的人生观,包括为社会、国家作出奉献。这种精神也需从小培养,也是"成龙成凤"的关键之一。家长可通过讲故事、讲英雄人物、参观博物馆,陪孩子玩儿需用脑力才能玩儿好的玩具,在榜样的鼓舞下,在游戏中,让孩子增长知识,培养进取精神,同时家长要做出榜样,因为孩子最崇拜父母。

※ 在心理上给孩子断奶。这就是要他们逐渐脱掉孩子气,逐渐向成人的素质、言行靠拢,逐渐培养健全的人格,使他们敢于担当一切重任,有独立性,减少依赖性,不以自我为中心,能适应社会环境,情绪稳定,遇事先考虑别人,人际关

系良好,遇事客观地分析其因果,有较高的智力水平,心胸开阔,有解决问题、困难、矛盾的能力和毅力。

细节22

对孩子的不良行为要慢慢加以引导

身边故事

放学好一会儿了,等在学校门口的爸爸还不见乔智走出校门。爸爸只好去教室找他,发现乔智和几个同学因为昨天的家庭作业没有完成,被老师罚写完作业才准回家。

爸爸只好等在外面,别的小朋友陆续写完作业离去了,乔智却一直没走出教室来。爸爸从窗口一看,发现乔智正和另一位同学聊天,作业本摊在课桌上没写。爸爸走进教室,乔智这才不情不愿地写了起来,但还是不认真,一边写一边和同学说笑。

直等所有同学都走了,乔智才急急忙忙地几下把作业写完,和爸爸回家。

专家解析

宋嘉是五年级的学生,他有个不好的习惯:常常作业不写完就跑去和小伙伴们玩去了。母亲很伤脑筋,明明是快则半小时、慢则一小时就能写完的功课,宋嘉每天都能写 3 小时以上,有时拖到第二天早上。妈妈以为宋嘉做不出题,暑假的时候特意请了个家教给他补习。结果发现宋嘉的反应很快,但是不专心,往往写几分钟就起来到处走,每小时至少五六次以上。要是有小朋友来叫,绝对是一叫就走。就这样，一小时的时间差不多一半用在了闲逛上面，难怪要用那么长时间来完成功课。为此，母亲想出了各种办法，专门抽出时间陪宋嘉写作业，可是宋嘉每写几个字必围着屋子溜达一圈；有时在母亲的监视之下宋嘉不敢起身，勉强埋头写作业，可是只要母亲一离开房间，宋嘉立刻故态复萌。再者，母亲不能每天都专门陪读，所以宋嘉的毛病一直没有改进。宋嘉已经养成不能专心的习惯，要他写作业时不起来走动实在不容易。孩子的不良行为，若是属于初犯或是简单的，可以运用忽视、不直接作反应的方法来削弱。但事实上，孩子真正初犯就被注意到的不良行为为数很少，多数是出现好多次以后才被家长发觉。这些长期养成的行为，父母或老师发现、求助的时候，已经相当牢固。可是一般家长或老师往往忽略这项关键因素，恨不得马上改善。因此，会把儿童所要改善的不良行为的标准定得很高、很严格、很硬性，嫉恶如仇，半点也不通融，形成双方尖锐对立的形式。这样反倒不利于孩子改正不良习惯了。

心海导航

要让孩子改变已经形成的习惯，并不是一蹴而就的，心急吃不了热汤面，对孩子的不良行为，也要慢慢加以引导。

著名的斯金纳的白鼠实验可以应用到改善孩子行为上来。斯金纳设计了一个类似箱子的装置，在箱子的墙边有个杆子，箱内的白鼠如果压下了这杆子，一颗食物就会落入离杆子不远的食物盒内。

一只饥饿的白鼠在斯金纳箱内停了许久，仍然没有任何压杆反应的迹象。这时，为了让白鼠学会压杆的动作，斯金纳把所期待的行为分成若干阶段，使白鼠逐步达到各阶段所设定的标准。例如这只白鼠在箱子里活动，许许多多的动作都不是斯金纳所期望的，只有当它的头朝向杆子时，才能符合斯金纳的期望，立即就有颗食物落入食物盒内，这种奖励会强化白鼠朝向杆子的反应动作，而其他动作相对逐渐减少。

下一步要奖励的反应是白鼠更接近杆子，再其次就是碰触到杆子。就这样

渐渐进行,最后只有压杆的行为,才会获得食物的奖励。

上面的实验就是行为塑造的实验,可以塑造所期望的行为。如果从反面来看这项实验,又引导出另外一个策略——区别强化。当这只白鼠在箱子里活动,开始时许多的动作都不是斯金纳所期望的,但只要头朝向杠杆时就可以获得奖励,经过数次后,头朝向杠杆这种行为逐渐增多,其他错误行为慢慢减少。

对于儿童的偏差行为,其改善之道,并非立即要求儿童改掉、不要出现这种行为,而是采取渐进方式,分阶段逐步要求学生递减该不当行为的发生次数,最后减到可以接受,甚至完全没有的情境,这种策略就是区别强化。

根据这一策略,我们可以容忍不良行为在某一限度内的次数,如5次。如果不良行为在一定限度内能减少到5次,就予以肯定,以求改进。然后再逐步降低标准,3次、2次……逐渐就可以达到目标了。

同样,对孩子的不良习惯,可以适当地用奖励的方法使孩子由多动变为少动,慢慢转变为专心。若是方法不对,一味强调孩子做作业不准起身,那孩子反倒更加坐不住,说不定以前一个小时只起来10次,妈妈规定不准起来后,反倒要起来12次了。

父母必读

※ 如上文中的宋嘉,要改变他的不良习惯,妈妈可与宋嘉约法三章,如果宋嘉写作业时,每小时能减到3次之内的离座次数,就可以允许宋嘉做一件他想做的事。

※ 等宋嘉能做到每小时离座不超过3次的标准时,再把标准依次提高到2次、1次。就这样,不出3个月,宋嘉必可以改掉不写完作业就去玩的习惯。

※ 选择适宜的标准。运用区别强化首先要选择适合我们所要减少的行为的标准,才能显出最佳效果。例如,对于写作业,每小时有一次走动是正常的,所以,没有必要把标准订成0次;如果我们不希望孩子的某种行为存在,必须完全消除,例如骂人,那么就采用0次区别强化。

※ 耐心坚持,才能有所收获。采用渐进方式,逐步要求孩子递减不良行为的次数。这需要坚持和耐心,冰冻三尺非一日之寒,父母和家长不能希望这些坏习惯在一夜之间踪影皆无。有了这样的思想准备,才能看见孩子的进步,才能坚持到底,有所收获。

细节 ㉓

孩子赖床对责任感的形成是不利的

身边故事

"桥桥,7点50了,快起床吧,妈妈做好了早餐,吃完了妈妈送你去学校!"

"不嘛,我再睡一会儿嘛!"

"乖桥桥,再不起床,要迟到了,来,姥姥帮你穿衣服!"

"不嘛,姥姥,我还没睡好!"

……

桥桥已经7岁了,是小学一年级的学生。可从上幼儿园起,就每天早上喜欢睡懒觉,从没在8点以前起过床,为了怕孩子迟到,桥桥妈妈和姥姥只好一遍一遍地叫,好话要说一箩筐。可小桥桥即使醒了也赖在床上,就是不愿起来。所以,每天早晨上学是桥桥妈妈最无奈的事。担心他迟到,即无法叫他早起。

专家解析

小孩子赖床是一种极普遍的现象,据不完全统计,79%的孩子都有赖床的习惯。

想一想我们大人也会有不想起床的时候，只不过大人比孩子多一些责任、多一些理性罢了，因为我们知道还有比赖床更重要的事情要做。可孩子们不会这么想。

当孩子赖床成为一种习惯后，他会用各种的理由来推托，达到赖床的目的，尽管明知道必须起床了，心中仍然没有紧迫感，久而久之，做什么事情都像早晨起床一样，能拖就拖，能推就推。其实，这对孩子责任感的形成是十分不利的。

孩子赖床，也不外乎 3 种原因，第一种是睡得太晚，以致不能早起；第二种原因是孩子不喜欢即将面对的人与事，以这种方式进行逃避和拖延；第三种原因可能是因为大人们平时比较忙，与孩子的交流和沟通比较少，孩子有一些"感情饥渴"，每天只能借用早上的时间来满足一下情感需要。如果是第三种的话，父母平时就需要多抽些时间陪陪孩子。这个年龄的孩子虽然已经"长大了"，但他们仍然需要父母的陪伴，更需要和父母一起进行游戏或讲故事等活动。如果满足了孩子这些感情和活动需要，孩子的这种状况便毫不费力地解决了。

从上文中，可以看出桥桥并不属于第三种原因，相反，姥姥帮忙穿衣服，妈妈送到学校，桥桥是在关心和爱护中长大的。因为他从幼儿园起就开始赖床，而妈妈和姥姥只是用"好话说了一箩筐"的方式来劝他起床，无形之中，使孩子产生一种"即使不起床，妈妈也不会怎么样"和"妈妈比我更担心我迟到"、"迟到不是自己的事，是妈妈和姥姥的事"的心理。孩子有这样的心思，妈妈即使费再多的口舌叫他起床也无济于事。

心海导航

红旗小学门口，一辆车停下，一位爸爸急匆匆地拉开车门，拿出书包，让儿子下车。儿子背好书包后，跟爸爸连再见也没时间说，便冲进校园向三年级的教室跑去，还没跑 5 米，上课铃声已"铃——铃——"地响了起来。

门口的爸爸摇头叹了口气。

管理员大伯安慰地说："还好，你家曾乐今天只迟到了几分钟！比昨天要早。"

曾乐不是第一次迟到了,曾乐的爸爸懊恼地说:"这孩子,早上怎么叫也不起床,一学期没几次准时上学的。迟到这么多次也不见长记性。我们小时候上学哪像这样子,早早就到了学校,等上半个小时才上课……"大有恨铁不成钢的意味。

桥桥才 7 岁,他要是同我们大人一样到时候就起床,那就成熟得太早了,反倒不正常了。桥桥的情况虽然是正常的,但每天早上用"一箩筐话"才能解决,也是让人着急;而曾乐已经上三年级了,却大半个学期都迟到,这情况就有点不大正常了。

究其原因,是因为赖床已成为他们的一种习惯,即使明知道这并不是好的行为,也无法控制自己。

让孩子能准时从床上起来,在上课铃响之前走进教室,不再拖延,不能靠父母在床边说"一萝筐"好话。父母应让孩子知道,形成坏习惯的后果是多么严重,作为小学生,已经有了自己的思想,父母应让孩子的心中先树起一种观念,不要以为什么事都有爸爸妈妈顶着,自己的事情就得自己留心!

父母必读

※ 使用一些鼓励措施,如快些起来就给他讲一个好听的故事,或者利用孩子喜欢听好话的心理多夸奖他。

※ 提前 5~10 分钟先把孩子叫醒,告诉他:"该起床喽,现在醒一醒,等妈妈再叫你时,你就起来。"这样,可以给孩子一种心理上和生理上的准备,这种办法在很多孩子身上都很有效。还要特别注意的事情是,帮助孩子起床只需要一个成人就够了,不要所有的成人都围着孩子,你一句我一句地唠叨,要让孩子觉得这是一件简单而平常的事情。

※ 家长要克服和压制自己烦躁的心情,努力把从起床到洗脸的过程变得有趣一点、幽默一点,不要大人和孩子一清早就心情不好。

※ 了解孩子不愿起床是否因为在学校里和同学关系不好,或者害怕老师,找到原因,并想办法解决问题。

※ 平时多抽些时间陪孩子出去玩，以免孩子因缺少亲情的温暖而故意借赖床来引起父母重视。

细节 24

答应孩子的事情一定要做到

身边故事

期中考试前一个星期，爸爸对李奥说如果李奥各科成绩都考 90 分以上，就带他去动物园玩。李奥高兴得蹦起来了，每天放学回家也不用父母叫，就先坐下来做作业，认真地解题，写生字。

因为准备充分，考试时，李奥胸有成竹，语文考了 93 分，数学考了 98 分。

该爸爸兑现承诺的时候了，拿到成绩单的第二天刚好是星期六，李奥缠着爸爸去动物园玩。爸爸手头有事在做，推道："明天吧，啊，明天爸爸再陪你去。"李奥虽然满肚子不高兴，也只好答应了。第二天一大早，李奥就央求爸爸带他去动物园。爸爸因为昨晚答应和几个朋友打麻将，结果又没有陪李奥，李奥气愤地说："爸爸骗人……"

专家解析

本杰明·鲁迪亚德曾经说过："没有谁必须要成为富人或成为伟人，也没有谁必须要成为一个聪明的人，但是，每一个人必须要做一个诚实的人。"

查尔斯·詹姆斯·福克斯是英国著名政治家，他以"言而有信"获得了政界较高的赞誉。

当福克斯还是一个孩子时,有一次,福克斯的爸爸打算把花园里的小亭子拆掉,再另行建造一座大一点的亭子。小福克斯对拆亭子这件事情非常好奇,想亲眼看看工人们是怎样将亭子拆掉的,他要求父亲拆亭子的时候一定要叫他。小福克斯刚巧要离家几天,他再三央求父亲等他回来后再拆亭子,老福克斯敷衍地说了一句:"好吧!等你回来再拆亭子。"

过了几天,等小福克斯回到家中,却发现旧亭子早已被拆掉了,小福克斯心里很难过。他心想爸爸说话真不算数,并把自己的想法对爸爸说了出来。

爸爸一听很奇怪,细问原因,原来他早把当时敷衍小福克斯的话忘得干干净净了。

这时听了儿子的提醒,老福克斯仔细想了想,决定向儿子认错,他认真地对小福克斯说:"儿子,爸爸错了!爸爸竟然忘了当时答应你的事,爸爸向你道歉。爸爸答应过你让你看怎么拆亭子,一定对自己说过的话负责!"

老福克斯找来工人,让工人们在旧亭子的位置上重新盖起一座和旧亭子一模一样的亭子,然后当着小福克斯的面,把"旧亭子"拆掉,让小福克斯看看工人们是怎样拆亭子的。

言而有信,对自己的言语负责,这一点比万贯家财来得更为珍贵!显然老福克斯是深深明白这句话的意思的。

父母对自己的言行是否负责,会直接影响到孩子的人品和性格。

不要轻易对孩子许诺,一旦许下诺言,就要尽可能照此执行。实在做不到,也应该给孩子解释清楚,有条件的话,尽快将此补上。这看起来像是小事,可如果父母总也不兑现自己的诺言,孩子便不会再听信父母的话,因为他们会觉得父母在欺骗他们。

心海导航

曾参是孔子的学生,以孝著称。《史记》上说,孔子以为他"能通孝道,故授之业。作《孝经》"。

《论语》上还记载了曾参的修养原则:"吾日三省吾身:为人谋而不忠乎?与朋友交而不信乎?传不习乎?"

他孝敬父母,同时也懂得为父母之道。他强调做人要诚实,他也用这个原则来对待和教育自己的孩子。

有一天,曾参的妻子要上街。他的小儿子拉着她的衣襟,又哭又闹,要求跟着去。曾参的妻子被闹得没有办法,就对孩子说:"你留在家里,妈妈回来杀猪给你吃!"孩子被哄回家了。

曾参的妻子从街上回家,只见曾参拿着绳子在捆猪,旁边还放着雪亮的尖刀,正在准备杀猪呢。他的妻子赶忙制止他说:"我刚才是和小孩子说着玩的,并不是真的要杀猪呀!"

曾参说:"孩子是不能欺骗的。孩子小,什么也不懂,只会学父母的样子,听父母的教训。今天你说话不算数,骗了孩子,就是在教孩子讲假话。再说,母亲骗了孩子,孩子觉得母亲的话不可靠,以后再对他进行教育,他就不容易相信了。这样做,对家教是很不利的。"结果,他说服了妻子,把猪杀了煮肉给孩子吃。

曾家的这口猪,也许还没有养到该杀的时候,他杀了这口猪是一个损失。可是,换来的却是在孩子面前树立了一个诚实的形象。同时,他的做法对他的妻子也是一个教育,让她记住:作为一个母亲,无论什么时候,也不应该在孩子面前说假话。

有一次,微软公司高级副总裁李开复面试了一位应聘者,该应聘者无论在技术还是管理上都十分出色。在交谈的过程中,应聘者主动向李开复表示,如果录用了他,他将把原来公司的一项发明带过来。李开复说:"不论这个人的能力和工作水平怎样,微软都不能录用他。因为他缺乏最基本的处世准则和最起码的职业道德。"

坚守信用是成功的最大关键。一个人要想赢得他人的信任,一定要守信用。事实正是如此,诚信是人性一切优点的基础,世界上才华横溢的人并不罕见,但是,才华出众的人就值得信赖吗?只有诚信的人才值得信赖。诚信这种品质比其他任何品质更能赢得尊重和尊敬,更能取信于人。诚信是立身之本,是一个人最宝贵的财产,它能让孩子保持正直,挺直脊梁、光明磊落地做人,还能给孩子以力量和耐力。

而诚信也是有责任心的一种表现。

父母必读

※ 平时不要轻易对孩子许诺,一旦许诺,就要兑现,即使要推掉很重要的会议,要损失一笔生意,要让自己不得不重新安排一些事情,也要兑现。

※ 言行一致,家长在孩子心中的形象才高大而有威信,这样,家长的话,孩子会很乐意听从;相反,孩子会觉得家长常常骗人,说不定孩子也会学着骗人。

※ 家长守诺,对孩子也是一种激励,如果只许诺而不实行,久而久之,孩子的积极性也会大打折扣。一个言而无信的家长,如何能培养出一个有责任心的孩子呢?

第三章
让孩子做事有始有终，负责到底

良好的责任感是要靠坚强的意志力和持之以恒的态度来维持的，而这恰恰是许多孩子所缺失的。孩子的好奇心很强，兴趣爱好也很广泛，但是缺乏耐性和自制力，遇到一点困难和挫折就容易打退堂鼓，不愿意再坚持下去。这是孩子在成长中的问题，为了增强孩子的责任感，家长平时就应当注意培养孩子做事有始有终、负责到底的良好习惯。

细节 25

适当让孩子经历一些"磨难"

身边故事

7 岁的芳芳今年 9 月上了全市最好的小学。开学才一个多月,芳芳便得了十几面小红旗和七八朵小红花。爸爸妈妈十分高兴,孩子这么能干,这么聪明,以后一定有出息。这天,芳芳放学后随妈妈到妈妈的单位玩,妈妈的一个同事看芳芳十分可爱,逗她说话:"芳芳,你在家负责哪样劳动?""我不负责劳动。""扫地吗?""不扫。""叠被吗?""不叠。""擦桌子?""不擦。""那你就负责吃饭?""嗯。"

"那这些事谁做?""妈妈做!"

......

专家解析

随着社会的进步,家庭生活逐步现代化,尤其是独生子女的家庭,似乎劳动的教育被人们淡化了。没想到这一疏忽会带来很严重的后果:现在的孩子中普遍存在着好吃懒做、好逸恶劳的现象。生活上图虚荣、贪享受,互相攀比,追求高消费;劳动上斤斤计较、拈轻怕重,生怕自己吃亏。据调查,现在家庭中孩子能偶尔做一点家务的大约占 20%,经常帮助做家务的还不及 10%。这说明不少家庭很不重视子女的劳动教育,不注意培养孩子的劳动习惯,这对孩子品格的形成自然会带来许多不良的后果。

现在的家庭,大多数是爷爷、奶奶、外公、外婆围着一个"小皇帝"、"小公主"

在转,饭来张口,衣来伸手。捧在手心怕摔了,含在口中怕化了。不要说做力所能及的事了,就是孩子自己的事,家长也全都包办,连小手绢也不让他们自己动手洗。

据教育研究部门的一份统计:城市中小学生中完全不做家务的占 85% 以上。

其实这种方式,看似对孩子贯注了全部的爱,使孩子快乐健康,但并不利于孩子的成长,爱之反而害之。

孩子生活优越,被服侍惯了,不但缺少独立能力,也缺少责任感。一个没有责任感的孩子,长大后,又怎么会是一个有用的人才呢?

培养孩子的责任感,可以适当让他经历一些磨炼。这样的磨炼不但不会让孩子吃亏受损,相反,对培养他独立的个性、良好的品行和责任感,好处多多。

心海导航

有一个中国女孩 8 岁时来到在加拿大留学的爸爸妈妈身边。在国内,这个外婆家的"小公主",是个由小保姆照顾的独生子女,大人们整天围着她转,她心安理得地享受着一切疼爱。

到了国外后,这种情形大变。刚住下 10 多天,妈妈就带着她去给别人家当保姆。

因为环境的影响,她立刻从由保姆服侍的"小公主"变成服务别人的保姆。

从表面上看,她失去了"小公主"的"幸福",但她得到了人生重要的经历,其中的收益是深刻永久的。

妈妈和她去当保姆的那户人家有两个男孩,一个 4 岁,一个两岁。妈妈要给他们喂饭、带出去玩,还要打扫卫生。8 岁的中国女孩要帮助妈妈盯着他们,别让他们摔了,还得跟在他们后面收拾玩具。

小女孩刚开始不能适应,她照顾的那两个小孩子总是抓她的头发,抢她的发夹做玩具,扯皱她的衣裳……而且喜欢跑动,她必须时刻跟在他们后面,不让他们在玩耍中弄伤自己。这样,小女孩不但不能自由地玩,还要充当一个小管家的身份陪伴着他们。

这样过了 3 天,小女孩哭闹着,无论如何也不肯再去了。

妈妈告诉女儿:"我们是穷学生,必须打工挣学费。"

小女孩看着妈妈的眼神,知道自己还得跟着妈妈一起去,只好委屈地跟在妈妈身后去了。

在国外生活的 5 年中,女孩跟着父母打了许多工,从看孩子到浇花拔草,有时还要为在街头给游客画肖像画的父亲当模特。现在爸爸妈妈已经有了固定的工作,不需要打工了,可一些老雇主还非要妈妈去帮忙,她也一直跟着妈妈打工。如今她已是 13 岁的少女了,"打工"生活使她学到了许多国内独生子女学不到的本领。

小女孩说:"我学会了自己的事情自己做,不要爸爸妈妈操心,也学会了做一些家务事和花园里的杂活。而且在亲身体会到爸爸妈妈打工读书的艰辛之后,我不仅养成了不乱花钱的习惯,也懂得了优越的生活不会从天而降,要靠自己努力争取的道理。但最重要的是,在和爸爸妈妈一起'工作'的过程中,我学会了他们做事勤勤恳恳、一丝不苟、不怕艰苦、乐于助人的工作作风与精神。随着年龄的增长,我渐渐地发现,我学到的是一种我们中国人特有的作风与精神。要不然,爸爸妈妈以及我所认识的中国叔叔阿姨们怎么都会在各自的岗位上特别受到老板的器重,而我和我的中国小伙伴们都会在各自的学校因品学兼优而使老师和同学们对中国孩子刮目相看呢?"

她特别表示:"我已经不再是一个全家人宠着、捧着的小姑娘,而是一个独立生活能力较强,也具有一定责任心的中学生了。"

如果不是在国外"打工"的这些经历,也许她还在家里享受着"小公主"的待遇,不但不会有这番认识,也不会学到这么多的本领。这番"磨难"不但不是磨难,反倒是孩子成长的一片沃土,是培养孩子责任感的摇篮啊。

"责任感"是一种特殊的营养,可以帮助孩子慢慢长大,使孩子知道自己该做什么,怎么去做。

父母必读

※ 为了孩子更健康地成长,独生子女的家长们要创造各种机会,让孩子在劳动实践中去体验劳动创造一切的喜悦心情,在劳动中培养优秀的品格和坚强的意志。劳动的教育切不可忽视。

※ 孩子在劳动的过程中,家长应以表扬为主,注重鼓励,让孩子从家务劳动中感受到乐趣和成就感。

※ 孩子所做的家务,必须是力所能及的。家长应适时指导,教孩子做家务的方法。

细节 26

赋予孩子责任

身边故事

有位10岁的小女孩,负责倒家中的垃圾已经4年了。小女孩6岁的一天,听见收垃圾车的铃声响起,妈妈就提了垃圾桶去倒,她觉得声音好听极了。第二天,收垃圾的铃声响起后,妈妈还没起身,她就蹦蹦跳跳地过去提着垃圾桶去倒。爸爸妈妈觉得这正是培养孩子责任心的好机会,为了支持她参加家务劳动,他们对她倒垃圾的事予以表扬。小女孩高兴极了,爸爸趁机给她分派任务,以后家里的垃圾都由她倒,小女孩爽快地答应了。以后,她果然十分用心,每天按时去倒垃圾,爸爸也不断称赞她。这样,小女孩倒垃圾慢慢地形成了习惯,并把这项劳动看成是她的责任。

专家解析

目前的青少年儿童中,普遍存在着以我为中心的思想意识,他们缺乏对他人、集体,对家庭、社会的责任意识。如:在学校,自私自利,独行独断,随地吐痰,丢弃垃圾;懒于改正错漏作业,不诚实;对班集体漠不关心,主动为集体做好事的行为少之又少。在家庭中,他们"少爷、小姐"气十足,对身边的人呼来喝去,饭来张口,衣来伸手,不会做家务,不关心父母的疾苦,只会效仿"大款、明星"的"酷"法。种种的不良行为习惯,无责任感的表现,潜伏着未来社会的人格残缺和家庭、社会不和谐的危机。这种不良行为习惯的存在,制约着学校文明教育的推进,更制约着社会主义精神文明建设的发展。

西西8岁时,看见爸爸养花,觉得很好玩,于是请求爸爸让他养一盆吊兰。因为他们家住在一楼,院子里养花十分方便,爸爸也就高兴地答应了。

西西刚接到这个任务时,劲头可足了。他在给吊兰浇了半个多月的水后,就忙于和其他小朋友做游戏,而把养花的事忘到脑后了。

他妈妈看见后,想帮他浇水,却被爸爸阻止了。爸爸觉得这是教育儿子"学会负责"的好机会。

等西西想起他的吊兰的时候,吊兰已经枯死了。西西伤心地哭了,爸爸语重心长地道:"因为你的失职,造成了这种后果。你要记住,任何的失职,都会带来一定后果的。"

小孩子做事三分钟热度,是再正常不过的事,很多家长不以为意。可西西父亲从培养孩子责任感的角度认识这个问题,可谓抓到了点子上。小学生时期是养成良好习惯的重要时期,而习惯又是在日常生活中一点一滴培养起来的,故一要抓早,二要从小事抓起。这位父亲看似"放任",不近人情,但真正爱孩子,有时就要"闭"一只眼。

小龙平时很调皮,做事不能坚持,六一儿童节,学校组织学生参加演出,他十分喜欢《猪八戒吃西瓜》这个节目,于是向老师争取,终于得到扮演主角的机

会。刚开始,大家都觉得小龙一定不能坚持,而且排演的时候的确很累,几个演配角的孩子们一会儿揉揉肩,一会儿捶捶腿,然后在一边休息了。让人吃惊的是,平时做事从来不认真的小龙竟然还在不知疲倦地练习着摔倒的动作。明晃晃、炽热的灯光照射下,小龙练得一脸通红,额头满是一颗颗晶莹的汗珠,可是他却依然坚持不懈,想精益求精地做好每一个动作,从没有见过他那么刻苦,真跟变了个人似的。练习结束了,老师连连称赞小龙学得快,学得认真,表演得最好。小龙一把擦去头上的汗,高兴地笑了。

从此后,小龙不仅改掉了马虎、懒散的坏习惯,更加热爱班级和学校,在学习上也更勤奋了,同学们也纷纷对他刮目相看,昔日的"淘气包"变成了一个自信、有责任感的孩子。

很多家长认为孩子没有责任感,因此不放心让他做任何事,殊不知,当你赋予孩子责任的时候,你就会发现孩子的巨大的潜力,不要小看孩子。

心海导航

前苏联伟大的教育家马卡连柯,有一次派一个曾经是小偷的学生去几十里外取一笔数额不小的钱。这位学生由于曾经是小偷,在同学的眼中被视为另类,几乎没人与他来往,他非常渴望得到信任。

接到马卡连柯的任务后,这位学生简直不敢相信这是真的,他问马卡连柯:"校长,如果我取了钱不回来了,你会怎么办呀?"

马卡连柯平静地回答:"这怎么可能?我相信你是一个诚实的孩子。快去吧!"

当这位学生把钱交给马卡连柯的时候,他要求马卡连柯再数一遍。谁知,马卡连柯却说:"你数过了就行。"于是,随手把钱扔进了抽屉。

事后,这位学生是这样描述自己的心情的:"当我带着钱在路上时,一路上我在想,要是有人来袭击我,哪怕有10个人,或者更多,我都会像狗一样扑上去,用牙咬他们,撕他们,除非他们把我杀死!"马卡连柯就是运用信任的方法培养了这位学生诚信的行为。因为,只有信任才能换来诚信。

一次海难事件中,幸存者8人挤在一只救生艇上。在海上漂荡了8天,仅有的淡水是半瓶矿泉水。每个人都恶狠狠地盯着那小半瓶矿泉水,都想立即把它喝下去,船长不得不拿一杆长枪看着这半瓶矿泉水。坐在船长对面的是一名50岁的秃顶男人,他死死盯着那半瓶矿泉水,随时准备扑上去喝掉那仅剩的救命水。当船长打盹的一瞬间,秃顶男人猛然扑上去,拿起水就要喝,被惊醒的船长拿起长枪,用枪管抵着秃顶的脑门命令道:"放下,否则我开枪了!"秃顶只好把水放下。船长把枪管搭在矿泉水的瓶盖上,盯着坐在对面的秃顶,而秃顶仍然眼睛不离那瓶决定众人命运的半瓶水。双方就这样对峙着。后来船长实在挺不住了,昏了过去。可是就在他昏过去的一瞬间,他把枪扔到了秃顶的手里,并且说了一句:"你看着吧!"

原来一心想要自己喝掉那半瓶水的秃顶,枪一到他手里,他突然感到自己变得伟大了。接下来的4天,他尽心尽力地看着那剩下的半瓶水,每隔两小时,往每人嘴里滴两滴水,而自己绝不多滴一滴水。到第4天他们获救时,那瓶救命的水还剩下瓶底部分一点水。他们8人把这剩下的水称为"圣水"。

这个故事告诉我们:人一旦被赋予责任,就马上开始注意到自己的行为对别人的影响,开始产生自律,开始变得伟大起来。

父母必读

※ 赋予孩子责任,把孩子当作自己的知心朋友,尊重他,才会使他更努力。

※ 相信孩子一直努力追求最好的结果。但是,如你我一样,孩子或许有疲惫或者松懈的时候,而这是他最需要你的支持和鼓励的关键时刻。

※ 你可以问你的孩子:"你的玩具玩后收拾好了吗?""小手绢、袜子自己洗了吗?""你是家中的一员,家务活承担了吗?"在任何时间都强调责任,我们就没有什么做不好的。

※ 现在很多家长以工作太忙作为忽视与孩子交流的借口,不了解孩子的喜怒哀乐,不自觉地与孩子疏远了。为了节省时间,根本不顾孩子的感受,更不用

说用赋予责任的方式培养孩子的责任感了。让孩子知道自己身上责任的重大，当我们赋予孩子责任时，他就知道他需要干什么了。

细节 27

莫让孩子"衣来伸手，饭来张口"

身边故事

某地区评选优秀学生，从两万多名中学生中挑出 10 名候选人。评选方为测试学生们的责任感，有意扔了一些扫帚和抹布在他们必经的路口。当这 10 名候选人从考场门口走过时，却没有一人理会地上的这些工具，没有一人弯腰将它们捡拾起来。

这种现象并非偶然。一次千人的大型调查显示，有 85.7% 的孩子认为劳动没有必要，其中，32.3% 的孩子没有劳动习惯，37.2% 的孩子不知道怎样才算劳动。

专家解析

现在的孩子大多数都是独生子女，他们由于物质生活日渐富裕，往往会养成任性、自私、不合群等毛病，很多事情都要由父母包办代替。如，替自己收拾玩具、整理书包、削铅笔等。正是在父母的这种包办代替下，孩子自身无任何责任感。其实对于孩子来说，尽管其能力还相对较弱，但是他们能够乐于去做一些事情，因此作为父母，应该大胆地放手让孩子去做一些力所能及的事情，在这过程中，帮助孩子从小树立起一种责任意识，促进其责任感的发展及养成良好的习惯。

有一位老师向我们讲了她的经历：可以说她对学生相当熟悉，但是让她最

恼火的是孩子们没有责任感的问题,随时随地都可以看到或听到孩子们不负责任的事情。如:忘了带学习用具,作业没做完就玩去了;做清洁,扫把扔一地就不见人影了;笔、书本摊一桌子,抽屉里垃圾塞得连书包、字典都放不下等。有一次上美术课,班上有 37 人没带画具,还有一次上自然课,25 人没带书,劳动课常常是半数人不带工具。每当老师帮助教育时,孩子们都是一个理由"忘了"。那么是不是我们的孩子记性不好?是不是所有的孩子都得了健忘症呢?答案是否定的。原因是:我们的孩子没有被培养起责任感。

有一天她正上语文课,教室的门开了,一个学生满脸泪痕地被推了进来,不知所措地站在门口,紧接着一位家长伸进头来大声解释迟到不能怪孩子,是家长睡过了头。还有类似的情况,有的家长不能来,就让孩子带纸条,解释迟到的原因,承担学生迟到的责任。

上学究竟是谁的事?迟到了应该由谁负责?现在许多家长包办了孩子的一切,家务活根本不让孩子插手,如果孩子想帮大人干点什么,大人便会说把你的学习抓好,考试成绩上去了比什么都强,家里的活不用你管。说实在话,我们替孩子做得越多,照顾得越周到,孩子就越不会料理自己的事情。

随着社会对人才素质要求的不断提高,责任心也越来越受到人们的关注,成为人才选择的一项重要指标。随手翻阅报纸,信步走上街头,我们随时都可以发现,几乎在所有的招聘广告上,都将责任感作为对招聘人员的一项重要要求。因为任何一个单位、任何一个企业,要想在激烈的竞争中获得发展,首先需要的是具有责任感的人,有责任感,才会去努力,也才会有发展。因此重视和加强儿童责任感的培养,对于其将来的事业成功、生活幸福具有重要意义。

心海导航

这天,章朋正对着自己 6 岁的儿子小立大发脾气,原来是儿子放学回家后就开始玩玩具,玩一会儿后又转而开始看电视,任玩具扔得满地都是也不收拾,差点让爸爸绊了一跤。有一次老师放学前告诉学生,请他们通知家长第二天来

开家长会,可是小立回家之后却完全忘记了,事后老师询问家长时,家长才知道。类似这样的事情在小立身上经常出现,章朋感慨地对妻子说:"现在的孩子真是没有一点点责任心,连自己的事都管不好。"

其实,这样的事在现在的孩子身上是极为普遍的。在不少家庭中,孩子玩完玩具后不知收拾,放学后让父母拿书包、收拾书包,老师交给的任务(如做纸工、准备第二天上学要用的东西等)让父母去做,这样的现象都极为普遍。不少父母认为这些都是小事,即使帮着去做也没什么大不了的,举手之劳,不费什么劲,因此也就满不在乎,乐而为之。但是父母也许并不知道,自己的"一片好心"却在一定程度上影响了儿童责任感的形成和发展。

责任感作为一种重要的社会性、人格品质,对儿童各方面的发展,对其将来的事业成功具有极为重要的意义。

责任感的存在会使儿童内心产生一种强烈的行为动机,促使其主动、积极地通过自己的努力,尝试独立解决问题。因此,责任感强的儿童在需要他表现出责任行为时,往往会勇往直前,义无反顾,努力尝试,而不是退缩、畏惧,依赖成人的帮助。所以说,责任感的发展有助于儿童独立性的增强。同时儿童在不断探索、尝试解决问题的过程中,体验到了自己的能力和价值,更好地产生自我认同感,认识到通过努力自己是可以独立解决一些问题的,从而进一步增强了其行为动机,促进了其独立性的发展。责任感作为一种非智力因素,对儿童的智力发展、学习的提高也具有重要的影响。责任感的存在使儿童能以一种认真、负责的态度来对待自己周围的人和事,在面对任务、问题时能持之以恒地不断思考、探索,发现问题,解决问题。因此,具有责任感的儿童往往能以一种认真负责、勤于钻研的态度对待自己的学习,按时完成作业,认真完成老师交给的任务,在面对问题时也会出现更多的探索、操作活动,在这过程中,其智力获得发展,学习获得提高。国内外有关天才儿童的研究就发现,成绩好的孩子往往比平常儿童有更多的学习责任感和认真、细致的工作态度。而这正是导致其学业突出的一个重要因素。

※ 无论在家庭和学校,都要让孩子充当一些有意义的角色,使他们感到自己的行为对集体所产生的重要性,同时也培养他们战胜自己的弱点,增长各种能力的信心。

※ 让孩子对父母的工作经历及家庭的日常事务进行了解与分析,也是孩子洞察世事、了解生活的好途径,锻炼他们分析、判断与处理事物的能力,为孩子将来走上社会打好基础。

※ 家庭是社会的细胞,家庭教育的质量在一定程度上决定了孩子今后一生道路的方向。即使条件优越,也莫让孩子"衣来伸手,饭来张口"。

细节28

教导孩子做事有始有终,需要家长的监督

身边故事

小远志和爸爸妈妈一起逛街,看见一个人在卖小狗,小远志一看就爱上了,央求妈妈给他买一只来养。妈妈被他缠得没办法,只好向一边的爸爸求助。爸爸看着抱着那只小花狗不愿放手的小远志,微笑着说道:"远志,你很喜欢这只小狗吗?"

小远志连连点头。爸爸对他说:"买来了狗宝宝,照顾狗宝宝就是你的事了,你知道怎么照顾狗宝宝吗?"小远志摇了摇头。爸爸便告诉他照顾一只狗宝宝要做的事情,包括给它喂食,给它洗澡,带它出去玩,给它建窝。然后爸爸对他说:"既然你要养它,你就得每天喂它,这是你的事情,不可以让妈妈代替你承担照

顾狗的责任。在这些前提下,你只要能把狗养好,爸爸也会支持你!"

小远志听说养狗这么麻烦,慢慢松开手,把小花狗放进狗群中,依依不舍地和爸爸妈妈离开了。

专家解析

水滴石穿,成功总属于意志坚定的人。

孩子在成长的过程中,会对什么都很好奇,但缺乏有始有终的精神,做事往往是三分钟热度,热情过了,便把它忘到脑后。而且,孩子心意不是很坚定,一遇到困难就想放弃,不愿意再坚持下去。因此,家长平时就应当注意培养孩子做事有始有终、负责到底的良好习惯。

要教导孩子做事有始有终,需要家长的监督。

孩子的好奇心和热情不宜打压,但也不能事事迁就,不然,他要做的事情过多,便不得不放弃一些事。因此,在孩子充满热情并决定做这件事的时候,要先确认孩子的责任心。

当你指出这是孩子的责任,他便开始考虑这件事是否可行,如果你承担了责任,他就不会考虑这件事的责任,只是考虑怎么说服你。小远志也许刚开始以为买回了小狗可以由爸爸妈妈来照顾,自己只要陪狗宝宝玩耍就可以了,所以没有考虑那么多。但是爸爸明确地告诉他,如果小狗买回家了,照顾小狗就是他的责任,并帮他分析是否有时间来照顾。小远志在责任与喜爱中选择,心甘情愿地选择了放弃。

心海导航

家长对孩子责任感的监督和培养,在生活的一点一滴中。

小玲玲今年 8 岁半了,在实验小学读二年级,最近她在学习有关植物方面的知识。小玲玲迷上了植物,她觉得那些花草实在是太美了,便苦苦地哀求爸爸给她买一盆鲜花。

爸爸同意了小玲玲的请求，但提出一个条件，就是要小玲玲自己来照顾它，小玲玲自然满口答应。爸爸便趁周末带着她到花卉市场买了一盆小花。花买回后，爸爸和小玲玲约定，由小玲玲负责照顾小花，给它浇水和施肥。

最初几天，小玲玲非常兴奋，每天耐心地给小花浇水，还根据日照的情况，不断给花盆挪动位置，并拿出本子，歪歪扭扭地在上面画出花卉生长的情况。

小玲玲的爸爸答应为她买来花，是想让小玲玲看到花的整个生长过程，看到小玲玲这么有责任心，十分满意。可是，没过多久，小玲玲的父亲发现小玲玲给花浇水的次数越来越少了，甚至好多天都不给小花浇水，也不作记录，似乎她已把养花的事给忘了。结果，小花慢慢枯萎了，叶子也开始泛黄，生长的速度减慢了，再过几天，花快死了。

这天吃过晚饭，爸爸把小玲玲叫到阳台，说："你给花浇水了吗？"

小玲玲低着头说："没有。"

"为什么没有？"

"我……"

"我们在买这盆花的时候，是怎么说的？由谁负责给这盆花浇水？"

小玲玲沉默不语。

"你看，这盆花多么伤心、悲哀。她失去了美丽的叶子变得枯黄，而这都是因为你。"

小玲玲惭愧地低下了头。

以后的日子里，小玲玲每天坚持给花浇水，小花不久又恢复了以往漂亮的颜色。

种花养草、养小动物，能培养孩子的爱心，增长知识，同时还能增进孩子的责任感。

作为家长，一旦我们决定将某件事情交给孩子负责，就要"监督"孩子的行为，而不能采取"不管"或"无所谓"的态度，这样只会滋长孩子的不负责任，使孩子缺乏责任感。

※ 孩子玩心大,做事情多半不会考虑得那么周全,父母在孩子作选择时便给予说明,告诉他,这是他自己的事情,他要对这件事情负责任。

※ 做任何事情,只要孩子已经开始了,父母就要担起监督人的身份,让孩子把这件事情做完,不允许半途而废。

※ 孩子忘记自己的责任时,父母要及时提醒,并对孩子以前的成绩予以肯定。

※ 引导胜过斥责,通过讲道理来培养孩子有始有终的良好习惯。

细节29

选择一些适合孩子年龄的事情,
让孩子独立去做

身边故事

一天,飞飞和妈妈一起到阿姨家里去做客,阿姨家的芝芝十分高兴,拿出了自己刚买的画笔和飞飞一起玩。他们一会儿画树叶,一会儿画太阳,一会儿又画一片无边无际的海洋……

两个孩子玩得十分高兴,吃完饭后又玩到了一起。这时,妈妈有事要带飞飞走了。飞飞说:"妈妈,等一等。"然后收拾散了满地的画笔。

"你别管这些画笔了,让我妈妈来收拾吧!"芝芝对飞飞说。

"不行,这是我弄乱的,我要把它们整理好再走!"飞飞收拾好画笔,才跟着妈妈一起走了。

专家解析

　　孩子自己的事情自己做。在这点上大多数家长存在误区，有的认为孩子小，什么都干不了；有的嫌孩子做事太慢，不如自己快；有的认为孩子只要好好读书，其他什么事都不用做；还有的家长怕孩子弄坏东西，于是家长们就大包大揽，越俎代庖。这样不仅使孩子得不到动手实践的机会，体验不到成功的快乐，丧失了最基本的生存能力的培养，更重要的是不利于孩子责任感的培养。

　　如果事事由家长代劳，一直以来所有的责任都是由大人承担的，孩子已经习惯成自然了，想改变是很困难的；对孩子责任感的培养应该从小处着手，从孩子日常生活的点点滴滴开始，比如孩子做完作业后让他自己整理书桌，吃完饭后帮着收拾一下碗筷，家里的地面脏了拿拖把擦干净，所谓"勿以善小而不为"，这些事情孩子做的多了，做习惯了，他的责任感自然就培养起来了。

　　孩子毕竟是孩子，他的手或许很笨，他的动作或许很不麻利，他做事情时或许会经常出错，这些都是很正常的。家长在让孩子做事的时候，一定要沉得住气，一定要学会等待，一定要能够容忍孩子的不完美，决不能因为孩子床铺叠得不整齐、收拾书桌不够利落、袜子没有洗干净、清扫地面不彻底而越俎代庖。要知道，孩子只有通过不断地实践体验才能逐渐提高自身的责任意识，这里最重要的是孩子做事的过程，是孩子通过做事所得到的对"责任"的一种宝贵心理体验，只有这样的心理体验多了，孩子的责任意识才能不断得到强化和提高。

　　如果家长过于看重结果，势必就会在孩子做得不够快不够好的时候，对孩子埋怨和责备，或者忍不住地去取而代之。这一方面会打击孩子的积极性，另一方面也会给孩子留下逃避责任的可乘之机，因为有的孩子一旦发现自己事情做得不够快不够好的时候，家长会及时出手，他就会故意表现得能力不足，以此来逃避本来该做的家务。

　　另外，为了使孩子能够更好地坚持把一件事做完，家长可以给孩子选择一些比较容易的任务，如果一下子就把孩子吓倒了，他就不会再有信心去努力了。

交给孩子的任务可以经常换换花样,要给孩子一定的新鲜感,不要让孩子总是重复地去做一件事,那样孩子迟早会失去兴趣的。

心海导航

各年龄段的孩子,究竟做哪些事更为合适?结合发达国家和我国一些成功家长的做法,为家长提供以下参考:

2~3岁,在家长的帮助下,自己刷牙;拧开水龙头,往杯子里倒水;离开房间时,自动关灯;把玩具拾起来放在正确的位置上;把书和杂志摆在书架上;把餐具摆放在桌子上;清理吃剩的食物;擦干净不小心弄脏的物品;把洗好的衣服和袜子折叠好;自己选择自己要穿的衣服,并能自己穿上。

4岁:自己洗手并把手擦干净;摆放桌子,并摆好碗筷;把杂物倒掉;大人买东西时帮助拿些小物件;整理床铺,收拾房间;擦洗器具;准备简单的餐后水果给大家吃;和大人一起洗水果、青菜。

5岁:自己倒喝的饮料;把各种食物盛入碗中;擦洗水槽、浴盆;擦干净镜子和窗子;接电话,并能自己拨电话;倒垃圾。

6~8岁:给花浇水;削水果皮;用微波炉热食物或做简单食物;把自己的衣服挂在壁橱里;清理干净橱柜。

9~10岁:换床单;会操作洗衣机;会做比较简单的饭菜;去邮局取邮品,能独自回信;能招待客人;自己筹划生日会或其他聚会;做邻里间的公务劳动;做些手工编织。

10~11岁:自己待在家里,支配一定数目的钱,一般不超过20元;自己乘公共汽车。

11~12岁:自己出门办事(短程);帮父母打扫房间;清理厨房;帮家里人去办一些外面的事。

父母必读

※ 有意识地交给孩子一些任务,锻炼孩子独立做事的能力。

※ 随着孩子年龄的增长,爸爸妈妈要逐步教育孩子自己的事情自己做。做之前提出要求,鼓励孩子认真完成。

※ 如果孩子遇到困难,家长可在语言上给予指导,但是一定不要包办代替,让孩子有机会把事情独立做完。

※ 孩子只有在做的过程中才能体会到其中的乐趣,并逐渐完善责任心,家长不要剥夺孩子的动手机会。

细节30

给孩子一个缓冲的时间,逐渐培养孩子的自制力

身边故事

妈妈打开门,只见电脑开着,小方坐在电脑前正打游戏,妈妈进门也没感觉。妈妈脸色沉下来,叫道:"小方,你又玩了一上午了?看电脑太久影响视力,还不快关电脑!"

小方回头看妈妈脸色严厉,这才不情愿地把电脑关了。

小方的妈妈不无担忧地对朋友说:小方才7岁,可很喜欢打电脑游戏,周末或节假日,如果我们不在家,他可以连续玩一天不休息,没有节制,这非常影响他的视力和学业。所以每次我看到他在屏幕前打这么久,脸色都很阴沉,不是骂

他就是对他大吼。可儿子虽然在我的命令下离开电脑不再玩了,等我一走开,他又坐回电脑前面了。

专家解析

有很多孩子上课坐不住,静不下心,但打起游戏却很上瘾。有些孩子生活习惯不好,要吃的东西立即要吃,不愿等待……

自制力也是责任感的一种体现,是人的一种意志品质,即善于控制和支配自己行为的能力,表现出应有的忍耐力和坚持力。孩子的大脑发育不全,中枢神经系统发育还不十分成熟和完善,因而自制力差。这是这个年龄段的孩子一个普遍的现象。孩子处于从他律阶段向自律阶段转变过渡的时期,因而需要我们成人给予帮助和协助。

孩子之所以玩起游戏来没有节制,是因为受生理年龄的限制,控制力较差,抵不住诱惑。

小朋爸爸就有妙招:有一次,爸爸看小朋打游戏有一个小时了,玩得特别起劲,没有一点儿想下网的意思。于是对小朋说,你打算打到几点?小朋说,不知道。爸爸看了看表,说,现在是 11 点 05 分,你再打 10 分钟就一定关机,好不好?小朋也知道到了停止打游戏的时间了,本以为爸爸要立即叫他停下,听说还能打 10 分钟,就点头答应了。于是,爸爸倒计时提醒他还有 5 分钟了,过了 10 分钟后,爸爸在旁边提醒他——时间到了!小朋就迅速从座位上离开。

给孩子一定的缓冲时间,让孩子提前有个心理准备,以便有个心理上的过渡。因为孩子正全神贯注地玩游戏的时候,只顾眼前玩得开心、兴奋,一般不太在意你提出的要求。这种方式容易让孩子接受,也不会与家长产生冲突。此外,也能让孩子养成定时停止游戏的习惯,以培养孩子的自觉性和自制力。

心海导航

8 岁的振轩有个坏毛病,一从学校回来,就迫不及待地从冰箱里拿水果、零食吃,而到了该吃饭的时候,就吃不下多少了,干扰了正常就餐,影响了食欲。妈妈告诉他不要在饭前吃,可以饭后吃,他就是克制不住。

妈妈说了几次不管用,于是这天,趁振轩放学回来又要打开冰箱的时候,妈妈对振轩说,我们来个约定,如果你能在饭前不吃东西,我给你记分,一次做到了记20分。如果能坚持5次,就得100分,我就给你买你最喜欢吃的肯德基;如果你能再能得第二个100分,再给你买你最喜欢看的漫画书。不然,今后不买这些你最喜欢的东西。振轩一听,妈妈今后不买他最喜欢的东西了,开始很不乐意,就赌气地说,不买就不买。妈妈绝不妥协,告诉他这决定是不能更改的。以后,有一次振轩真的闹着要吃肯德基的时候,妈妈就提醒他说过的这个条件。振轩终于知道妈妈是来真的了,没办法,回家后,他就真的克制了自己,不再在饭前吃东西了。妈妈也如约履行诺言。在得了4个100分后,振轩的坏习惯也改掉了。

孩子的自制力通过更强大的物质诱惑而得以培养。首先这个能诱惑他的物品必须是他平时特别渴望得到的。家长可以把孩子最渴望得到的物品列出个清单来,作为今后的奖励以换取不良习惯的改正。在改正过程中,孩子的自制力也得到了培养。

心理学上有4种气质类型说。多血质、胆汁质者多表现为粗心浮躁,情绪易激动,情感冲动外显,行为过激。抑郁质、粘液质者的情感、情绪、行为比较稳健、持久。因而偏向前两类气质的孩子的自制力比较差。通过自行设计一些游戏,可以有意识地在一定程度上培养孩子的自制力。

父母必读

※ 在培养孩子自制力方面,家长起着不可或缺的作用,多想一些有趣的、孩子能够接受的方法,让孩子在游戏般的方法中逐渐培养自制力。

※ 孩子毕竟是孩子,家长除了用各种方法帮助孩子外,还要监督与鼓励孩子。对孩子取得的成绩予以肯定,并给予适当的奖励。

※ 家长如果对孩子有承诺,不可食言,一定要兑现。

细节③

不要处处对孩子包办代替

身边故事

"妈妈总喜欢什么都给我安排好：衣服应该怎么穿，出去玩应该带什么吃的，每天应该几点睡觉……总之我做的好像都不对，要是没有按她安排的做，她就会很生气。"已经10岁的肖肖怎么都想不明白妈妈为什么老爱替自己作决定，并且一切还得按照她的意思去做。

专家解析

妈妈喜欢给孩子安排一切，初衷是希望把自己的经验传授给孩子，让孩子少走弯路。其实这是一种保护心理使然。在她们眼里孩子总是弱小的，而自己几十年的人生经验可以帮助他们。

不过，强行给孩子安排一切，其实是妈妈从一种保护角色演变为了领导角色，从而会不自觉地扮演领导者，认为孩子凡事都该听自己的。另外，这也和传统的民族心理有关。在中国几千年的儒家传统文化中，家长始终是排在孩子前面的，尽管这种文化已经受到了冲击，但短时期内还会存在。所以妈妈会以为自己给孩子安排一切是理所当然的，孩子也应该听从家长的话。

当然，妈妈给孩子安排一切也有一定好处，毕竟她们比孩子阅历丰富，可以间接减少孩子在生活中的困难和挫折。但孩子所获得知识的途径是多元的，他们有时更愿意通过自己的亲身体验来获得对事物的看法和处理事情的方法。再加上时代不同,具体情景不同,父母所教给孩子的未必可行。如果一味要求孩子按自己的意愿行事,就会引发孩子的逆反心理。

孩子在成长过程中,妈妈的指导作用是不可忽视的,但这种指导应该建立在良好的亲子沟通基础上,而不是像领导那样居高临下,事事都是我对你错。一旦孩子发现父母的经验有纰漏,就会口服心不服。领导型的妈妈要放下姿态,平等地、友好地和孩子对话,告诉孩子自己当时在那种情况下采取此种方法所取得的效果,现在拿出来和你分享。另外,在和孩子沟通的时候,妈妈也可以适当地谈一下自己的失败教训,不要怕丢面子,这样会让孩子觉得你是可以信任的。毕竟信任才是亲子沟通的基础。

心海导航

美国权威儿童教育博士詹姆斯告诫家长们说:"依赖本身就滋生懒惰、精神松懈、懒于独立思考、易为他人左右等弱点。所以说,处处对孩子包办代替,这不是在帮助孩子,而是在坑害孩子。"

在美国,孩子尚在幼儿时,父母就放手让他们在力所能及的范围内独立活动。小孩长到一岁左右能吃饭时,父母就将其放在一个小椅子上,面前摆一张放着食物的小桌子,让其独立用小叉子乃至用小手去大吃大嚼,如果孩子不愿意吃,父母决不去喂他,也不给零食。饿了的孩子,到下一顿会乖乖地自己吃饭。

在美国,幼儿的睡觉也是如此。很小时候,孩子就独自在围着护栏的小床上睡觉,大多数从婴儿时就独居一室,父母只是半夜起来看几次。

在中国,许多父母沉迷于盲目宠爱孩子,认为孩子小,处处不放心,帮孩子吃饭,帮孩子穿衣,帮孩子洗脸,什么都不让孩子动手,孰不知这种痴情的爱子方式,会使孩子养成依赖性的心理,甚至滋长四体不勤的祸根。

有人说,中国的孩子很累,中国的父母更累。因为他们只有一个孩子,不想让孩子"输在起跑线上"。于是,家长们从孩子一出生就开始为他们设计好了人生,为了让他们一路顺畅地顺这条路走下去,除了学习,别的应该孩子做的事家

长全代劳了。

父母必读

※ 孩子能做的事，家长绝不动手，顶多只做做指导。

※ 如果孩子并没有自己动手的意愿，家长可给孩子分配一些适当的、力所能及的任务，如打扫卫生、长期取报、取牛奶、负责给花草浇水等，并及时对孩子所做的一切给予鼓励。

※ 不要总是对孩子说"你还小"、"你不懂"、"你不行"，而要给孩子一定的锻炼机会。

细节㉜

不要为孩子打点一切

身边故事

果果就职于一家大型国有能源企业，待遇丰厚。但果果给妈妈打电话从来都是凶巴巴的，用她的话说就一个字：烦。今年五一前，果果的妈妈赶到果果的工作地点，刚下火车进家门，包往旁边一放，就开始抢条帚扫地。第一天她把女儿的房间进行了大清扫，第二天把所有翻出来的脏衣服、脏袜子拿去洗，整整晾了一阳台。临走的时候果果的妈妈还抢着一箱衣服，说需要缝缝补补。而果果随后告诉同住的女孩，她妈妈这还不算什么，每次她回到江西老家，妈妈能端来洗脚水，帮她按摩搓脚……

专家解析

中国青少年网络协会心理发展研究院院长应力说，许多父母对孩子很溺爱，与现在的家庭结构有很大关系。现在基本上是独生子女，有的妈妈可能有很多愿望未能达成，所以希望通过孩子实现，并在后天教育中把这种意识渗透给孩子。还有的家长在生活中不舍得让孩子吃一点苦，受一点累，为他们打点一切。而在学业上却对孩子比较苛刻，比如会在功课之外给孩子报各种补习班，要求孩子在学习上做到最好。

过度关注孩子的生活，会使他们走向社会后，自我意识特别膨胀，认为别人就该满足自己的需要，更不会明白什么是责任。在这种教养方式下长大的孩子，很多都会出现心理障碍，其中93%的人心理年龄都很幼稚。很多妈妈认为，现在条件好了，应该对孩子宠爱点，这种想法没有错，但要适度。在儿童期这种方式可能还行，但到了青春期，孩子的思维会变得抽象，不再像小时候那样简单地思考问题。一旦妈妈原来灌输的观点经不起现实的考验，他们就会变得反叛。

建议妈妈们要改变自己的教育观念，在爱孩子的同时，也让孩子付出自己的爱。妈妈可以在孩子面前适当暴露自己的困惑或不解，这样会让孩子有种被尊重的感觉，进而培养他们为他人分担的责任感。孩子首先是社会人，他最终是要踏入社会的，而家庭是孩子走向社会的第一个环节，如果事事顺着孩子的意愿，为孩子考虑周全，这样他们成年后就无法承担自己应该承担的责任。要让孩子做自己力所能及的事，比如，打扫房间。也许孩子最初会做得不够好，但妈妈尽量不要挑剔，而是示范给他看，哪怕是一点进步也要表扬。

心海导航

在一次大规模人才招聘会上，已有两年经理助理工作经历的秀秀，正和招聘方人员谈得投机时，站在远处的母亲突然过来附在她耳边告诉她"这份工作太辛苦了"，秀秀失去了这次机会。原来每次秀秀去应聘，妈妈都要跟着，说怕她被骗了。

妈妈们感叹着为孩子操碎了心,大学毕业了的孩子去找工作还要相陪,这心也操得太多了。孩子想过独立的生活,但独立的种子被妈妈扼杀在了萌芽状态。

在别人羡慕秀秀有个好妈妈时,秀秀最想对妈妈说的却是:"我已不再是一个时时需要人扶的小孩了,请您放开手,我可以自己走,而且会走得更好。"

现在用人单位都会考虑人才的自信、独立问题,如果应聘还要妈妈相陪,以后的工作能否胜任,用人单位自然会来衡量的。

某礼仪公司的老总说,有个女孩由家人带着来应聘主持人一职,"我表都没让她填,简历看都没看,礼貌地说招聘岗位已经满了,就把她打发走了"。他认为大学生毕业了就该出来闯,他郑重地提醒那些家长,该给孩子"断奶"了。兰州某公司的招聘人员李军表示,大学毕业生应该更多地表现自己的独立性,而家长应该早点放手,让孩子自己了解就业环境。他说:"也许第一次会有一些判断上的失误,但多来几次就摸到门路了。"

关爱孩子是母亲的本能和职责,这是人之常情。对母亲来说,怀孕生育是一个特别的旅程,关爱孩子从胎儿期就开始了。孩子出生后,一举一动都在大人的视野内,但孩子长大后,有了自己的同辈群体,有了独立意识,不想再受到父母的管控。

父母只有一个孩子,他们把精力集中在这个孩子身上,密切关注孩子的成长变化,父母望子成龙,给孩子规划了前程,想让孩子按照既定的规划发展,不希望节外生枝,这也是可以理解的。但凡事都有个度,家长要控制好这个度。

父母必读

※ 妈妈应给孩子一些独立空间。

※ 家长可以与孩子开诚布公地讨论、交流,在孩子需要帮助的时候给予帮助。平时,不妨放开手中的线,让孩子自由发展。

※ 要学会与孩子的同学做朋友。妈妈要做一些改变,即使内心很想知道孩子的心事,也要学会平复自己的情绪,给孩子一个空间,建立信任,让孩子懂得妈妈的爱。只有家长放手,孩子才能真正成长。

细节③③

不要把孩子当作"小·皇帝"来供奉

身边故事

王德很小的时候,爸爸就因车祸去世了,王妈妈唯恐儿子受委屈,平日里什么都顺着儿子,尽量满足儿子的要求,对自己却节俭得很,几年都舍不得添一件新衣,却要满足儿子穿名牌的虚荣心,家务事更是从不让儿子沾边。

王德没考上大学,王妈妈便到处求人帮他找了一份稳定的工作。没学历的人找份稳定工作不容易,可他并不珍惜,常不去上班,差点被单位开除,还是王妈妈去找单位领导求情才留了下来。王德整天沉迷于赌博,赢了很快把钱挥霍光,输了就找老娘要钱。

一天是星期日,王妈妈在家正忙乎着,突然晕倒在地,邻居打王德的手机,可他正赌得欢呢,还是邻居帮忙把王妈妈送到医院看病的。晚上,王德回来后,冲着妈妈吼道:"好好的打电话说什么病了,害得我今天赌输了。快拿钱给我,我要去扳本。"说着,从王妈妈身上抢了钱扬长而去。

专家解析

自私的孩子,也是缺少责任感的孩子,这类孩子往往对很多事物都采取"事不关己,高高挂起"的态度。比如,父母生病了,他不会问候而照样玩得开心;父母没有回家,他任其冷锅冷灶从未想过做饭;他记不住父母的生日,不会帮家长接待客人,不会过问邻居小孩生病的事,更不会把自己的压岁钱捐赠灾区……他

们一切都以自己为中心,只讲自己吃好、穿好、玩好。

这种自私的孩子,实际上是心理没能健康发育的表现。这就使他在日后生活中,形成了自私、专横、冷漠和孤独的性格,事业上更难谈到成功了。

孩子缺少责任感,父母有很大的责任。通常看来,把孩子当作"小皇帝"供奉是一个主要原因。当孩子对于某种事情表现为毫无责任感时,家长的失时教育,更会促成其责任丢失。所以,家长应从孩子小时候抓起,认真地培养孩子的责任感,使他成长为对家庭、对社会和自己负责的人。

过度的关爱,使孩子对来自长辈的爱麻木了,养成了唯我独尊、骄横任性的坏习惯,这样孩子怎么可能对父母怀有感恩之心呢?

如果你希望孩子懂得感恩,请不要过分地宠爱孩子。

孩子在成长的过程中,要让他感到自己是家中的主人。在不同年龄段时,家长应把家中的情况(包括经济情况、父母关系、亲友关系情况)告诉孩子,让他去体会这些事物,并在对这些事物的关心中,找出他应该采取的态度和办法。

要让他感到自己是社会的主人。尤其是把那些近期发生的国内外大事告诉他,和他一起分析、解释其中的原因,并设想一些解决办法,旨在让他树立"我是社会中的一分子"的主人翁观念。

要让他感到自己是生活的主人。这一点,对那些娇生惯养的独生子女来说,尤为重要。简单地说,生活要逐渐自理,学习要天天向上,身体要每天锻炼。对于生活中所遭遇的若干小事,都得让他发挥主观能动性,切不可再由家长叮咛再三,或者家长代劳。

培养孩子的责任感,就是培养孩子的良好性格和心理,也是解决很多孩子与父母矛盾的一种可操作方法。因为,孩子的心灵毕竟是比较单纯的,是可塑性很强的。

心海导航

一对夫妇老年得子,儿子长大后娶妻生子,于是他们就和父母分家居住。后来,儿子出外打工,老子给儿子来信一封:"经济困难,缺少物品,请儿资助。"

儿子一看,生气了,给父亲回信一封:"爹同志,娘同志,你们两位老同志,新社会,新国家,自己挣钱自己花,不买这,不买那,这种消费俺不花。"

父亲收到信后大怒:"儿同志,媳同志,你们两位小同志,新社会,新国家,自己挣钱自己花,不买这,不买那,20年的抚养费寄回家。"

儿子所表现出来的冷漠和自私让人吃惊,也让人心凉,这样的孩子,自小必就是个自私的孩子,长大后才只顾自己,连基本的道德也没有。

自私的孩子缺少合作精神,社会的发展中,"合作"作为一种生存方式,已越来越为人们所重视。合作意识不仅是现代人所必须具备的现代素质之一,也成为一个人最起码应当具备的人格品质。所以家长们应当加强对孩子合作精神和利他意识的培养,要让孩子懂得为他人着想,能体会为别人付出劳动的幸福。

教育独生子女,是一个不断学习和探讨的过程。父母偶尔的错误不会使孩子受到严重的损害,只有那些持续不断的、一贯的错误才会在孩子心中留下永久的痕迹。避免孩子产生这种伤痕的办法是:要学会察觉危险信号出现及应该引起警惕的标志;掌握孩子生理、心理特点,懂得什么年龄段会出现什么情况并采取相应的管教态度。

虽然孩子是无法选择父母的文化、职业和家庭条件的,但我们的父母却能给他们提供良好的教育环境,使孩子身心得以健康成长,这就是为父母者应尽的职责。

父母必读

※ 培养孩子的合作意识。

※ 要戒除护短心理,一味呵护孩子,什么事情都由着他,对孩子的性格形成并不利。

※ 当今独生子女的自控自律性比较差,做父母的就要善于听取别人对自己孩子的批评忠告,并注意观察孩子的一点一滴,要及时地把握时机纠正孩子的错误,以免孩子小错不改,酿成大祸。

※ 在理解、沟通的前提下,要教育孩子尊重父母。不能让孩子从小养成随意对长辈发号施令、无理取闹的恶习。一个孩子若从小便藐视父母的权威,不懂得尊重辛勤养育自己的父母,那么他成人后便更不会懂得尊重别人。当然,要做到这点,需要父母有很强的意志力和心理承受力。

第四章
让孩子学会为自己的过失买单

　　责任心的培养要通过孩子自身的实践体验，让孩子自己承担失责的后果，使得他们懂得责任的重要性，在检讨中破解解决难题的密码。

　　不经一堑不长一智。一般来说，当孩子有了过失的时候，恰好是教育的良机，因为内疚和不安，使得孩子急于求助，而此时明白的道理容易刻骨铭心。

细节 34

让孩子从小意识到：
自己的行为后果要由自己承担

身边故事

美国某报纸上登过这样一则报道：美国一个小学生因破坏性行为受到停乘校车一周的处罚，这个孩子只好每天步行上学。

有人问他的母亲为什么不用家里的汽车送他去上学，孩子的母亲坚决地说："不，他应该对自己的行为负责！"

专家解析

许多年前，南非的一个小镇子发生了地震，5个在游乐宫玩耍的小同学全部被压在瓦砾中，只有10岁的小奈尔从石块砖缝里爬了出来，他在医院里昏迷一天一夜醒来后，忽然记起那几个小伙伴的哭喊声，他翻身下床，拖着一条受伤的腿，拼命地往游乐宫爬，他对救护人员说："那里有我的朋友，是我带他们去玩的，我有责任把他们救出来！"后来，人们根据他的记忆，找到了路径，经过几个小时的艰苦营救，终于把那4个奄奄一息的小朋友救了出来，小奈尔虽然终身残废了，但他却永远赢得了人们的尊重和崇拜。

在中国，父母对孩子的关爱有时是毫无原则的，比如上述小学生步行上学的事例。如果是中国的父母，可能会采取两种方法，一是家长出面与学校交涉，要求撤销对孩子的处罚；二是家长自己开车送孩子上学。

这里就折射出两种不同的教育观。当然,第一种教育观是正确的,它能使孩子认识到一个人应为自己的行为负责,并培养孩子自觉遵守规则、积极自律的观念和习惯。而第二种教育观则是一种无原则的溺爱,结果将会导致孩子漠视规则,轻视规范的约束力和缺乏责任心。

孩子们即将面临的世界是充满竞争的,生活节奏快,工作压力大,对人的心理素质、生理素质和社会文化素质要求高。

孩子通过父母在接触社会。作为家长既要引导孩子在日常的学习生活中,在一点一滴上培养孩子的自我责任感,更应引导孩子自我设计实践活动,让孩子在实践中更全面地认识自己,调适自我,在实际锻炼中领悟角色规范,培养行为习惯,培养自我责任感。

心海导航

妈妈要去医院照顾生病的姥姥,临出门时,见天气很好,便把床上的被子、垫褥都晒在阳台上,交待 9 岁的莉莉注意天气,如果下雨,要莉莉把被子收回屋,莉莉满口答应了。

下午 4 点,天下起雨来,妈妈庆幸幸亏交待莉莉收被子了。可是万没想到,她回家后,看到的是几床被子全都被淋得透湿。原来,莉莉中午去隔壁张阿姨家吃饭后,就玩得忘记回家了。

那天晚上,一家三口用两床毛毯依偎取暖,妈妈对莉莉谈起什么叫责任心。妈妈给莉莉讲了《小珊迪》的故事,这位穷孩子,在生命危在旦夕的时刻,心里惦记的是自己可怜的弟弟和还给别人 4 个便士,他的悲惨遭遇和高尚品格催人泪下。

莉莉听了这故事,看着那几床湿透了的被子,心里很愧疚。从此,莉莉变得懂事了,责任心明显地增强了。莉莉在学校表现也很好,她主动帮一个差生提高学习成绩,和她一起写作业,一起学习,风雨无阻。

一天,那个同学因成绩不及格被父母责骂而离家出走了。莉莉知道后,饭都没顾得吃,就和家长一起四下寻找。

莉莉妈妈心疼地说:"看你,饭都没吃,吃了饭再去吧。"莉莉难过地说:"是我没帮好她,我也要负责任……"

经过莉莉一个学期的努力帮助,那个同学的期末检测成绩取得了明显的进步。

一个对自己的行为后果没有责任感的人,是社会化的一种失败,因为他很难形成社会的归属感,很难适应社会生活。我们应让孩子从小意识到,自己的行为后果要由自己负责。如果在吃饭时间,孩子不肯好好吃饭,就先让他停止进食,家长用不着端着饭碗追着孩子去喂,等到他饿了以后再对他进行教育。

能否培养孩子的责任感将决定将来在工作中孩子能否具备责任心。但是培养孩子的责任感并非一蹴而就,它需要长期的教育,不断地督促,逐步地强化,这要求父母在对孩子的平时教育中要持之以恒,并努力创造各种有利条件,使孩子拥有责任感。

父母必读

※ 在孩子因为不负责任而造成某种后果时,家长能够与他心平气和地谈。这对于孩子的责任感来说是一种培养。

※ 孩子犯了错误以后,父母要提出一个可行的、孩子能接受的解决方式,而不是先批评一通,然后再说这件事情。要让孩子意识到是自己哪个方面有问题,需要去完善,这样对孩子责任感的培养才有帮助。

※ 对不负责任的表现,必须让孩子从深层认识,家长可以采取讲故事、打比方、旁敲侧击、对比等方法,让孩子真正认识到不负责任的后果。

细节35

让孩子承担犯错误或失败的后果

身边故事

　　李莫小学一年级时，提出想学画画。爸爸就给他在少年宫报了名，每周六到少年宫学习。美术老师每次都要布置课外作业。可李莫很贪玩，每次作业都要他妈妈反复提醒，最后才答应星期五做。到星期五了，他还是不记得作业这件事。妈妈想提醒他，被爸爸拦住了。他爸爸说："让他对自己的言行负责！"

　　第二天，李莫耷拉着脑袋从少年宫回来了。因为没完成作业，他被老师当着全班学员的面狠狠地批评了一顿。这使爱面子的他很不好受。从此，他知道了负责任的重要性。

专家解析

　　孩子小难免有做错事的时候，当你的孩子在外面做了对人没礼貌或损害别人利益的事，是让孩子自己向人家认错呢，还是你代孩子向人赔礼道歉呢？有些家长认为，小孩子做错了事，又不是故意的，没有必要那么认真，让孩子自己去道歉，那该多伤孩子的自尊心，还是做父母的代孩子去道歉吧。

　　我们应该让孩子对自己的过失承担责任，他会对自己的过失认识得更深刻。孩子有过失的时候，由于内疚和不安使他急于求助，而此时的道理有可能刻骨铭心，我们做父母的不要错过这个培养孩子责任感的好机会。

　　当孩子犯了错误，我们必须让孩子懂得：他必须对自己行为的后果负责，自

己既然做错了事,就应该勇于面对,勇于承担责任;无论好坏,都必须由自己承担,不要养成推诿的不良习惯;正视其产生的后果,并引以为戒,不犯或少犯类似的错误。

教室地面上有纸屑,老师让学生捡起来,孩子说的第一句话往往是"这不是我扔的",言下之意就是"老师,你错怪我了!我没有这个义务捡纸屑"。当两个孩子闹矛盾时,教师去询问情况,孩子会脱口而出"他先打我的"或者"他先骂我的",而不会首先想到自己有没有不对的地方。

让孩子懂得自己的行为将会产生什么后果,他才会对自己的行为负责任。在现实生活中,父母要试着把孩子生活中的每一项责任都放到他自己的身上,让孩子自己承担。比如,当孩子遇到麻烦的时候,你应该说:"这是你自己选择的,你想想为什么会这样?"而不要对孩子说:"你已经努力了,是爸爸没有帮助你。"虽然只是一句话,却反映出了观念的不同。如果你无意中帮助孩子推卸了责任,孩子将会认为自己无须承担责任,这对他以后的人生道路是很不利的。

犯错误和失败都不可怕,可怕的是不敢承担后果,不能及时总结错误的原因和失败的根源。培养责任感的最终目的就是要让孩子勇于面对一切,而畏惧承担失责的后果就意味着难成大事。

心海导航

法国的父母教育孩子就与我们不同,他们对孩子责任感的教育更普遍、更严格,该谁负责的就要谁负责,即使是孩子也不马虎。一位中国客人去法国朋友家做客,吃饭时朋友 8 岁的孩子用一小块面包逗小狗玩,狗跳起来撞翻了他手中的盘子,盘子碎成几块。男孩子对父母说:"你们看见了,是小狗打碎了盘子,不是我弄碎的。"母亲说:"盘子确实是小狗撞翻的,可是你有没有错?"男孩子大叫:"是小狗的错,不是我的错。"父亲过来叫男孩离开餐桌,到他自己的房间里去,要他好好想想自己究竟有没有错。十几分钟后孩子走出房间说:"小狗有错,我也有错,我不该在吃饭时喂狗,这是你们多次对我说过的。"父亲笑了:"那么今天你就该为自己的错误承担责任,收拾餐桌,并拿出零用钱赔这只盘子。"男孩点头同意了。

在法国很少听到诸如学生因迟到而抱怨天气或堵车,也没见过谁不小心踩上了狗屎而责怪邻居为什么在这儿遛狗。法国人认为,碰上了不愉快的事再去抱怨已于事无补,而应问自己有没有错或怎样避免下次再犯同样的错误。

做了错事勇于承担责任,不推诿责任,这体现了一个人的素质,而对孩子这种素质的培养,就要靠平时点滴的积累。

告诉自己的孩子一个做人的道理:凡事不要把希望寄托在别人身上,不要埋怨人,更不要把责任推给别人。

世界上没有不犯错误的人,做了错事总是把责任推给别人,自己永远也不会得到提高。如果做了错事,能够从自身找原因,吸取教训,那么,这个人就得到了提高,他就不会再犯第二次错误。所以说,当孩子做了错事,我们要让孩子养成在自己身上找原因的习惯,这对孩子的成长是有百利而无一害的。

父母必读

※ 孩子有了过失的时候,正是教育的良机,因为内疚和不安使他急于补救,而此时明白的道理有可能刻骨铭心。如孩子在外面同小朋友打架,要让孩子自己去给小朋友赔礼道歉,争取小朋友的原谅,下次再有类似的事发生,他就会注意了。

※ 孩子损坏物品要让他赔偿,用他的零花钱去赔。没有零花钱,就取消他的一个最喜欢的项目,比如第二天要去麦当劳,那就不能去,因为那个钱要用来买他损坏的物品。

※ 孩子丢失了物品,父母要让孩子自己去找,找不到,让他自己想解决的办法。不论孩子有什么过失,只要他有一定的能力,就应当让他承担责任,这才是现代父母的真正爱心。一位老教育家在比较我国三十年的教育后感慨万分。比较的结果是:当代的孩子聪明了,视野开阔了,但社会责任感缺乏了。

※ 订立责任合同,让孩子明白该做什么、怎样做,否则将会受到哪些惩罚。孩子做事往往是凭兴趣的,要让孩子对某件事负责到底,必须清楚告诉他做事

的要求,并且与处罚联系在一起。如把洗青菜的家务活承包给孩子,要是没做好,便不能吃所有的菜。这样,孩子才知道一个人是要对自己的行为负责的。

※ 安排孩子适当从事一些力所能及的社会工作,比如帮邻居送信、照看邻居的小弟弟小妹妹、陪爷爷奶奶说说话等,一方面可以使孩子在帮助他人的同时,获得他人及社会对他的肯定;另一方面也可以使孩子感受到自己所做工作的价值和意义,并从中得到乐趣,从而逐步建立起对社会的责任心。

※ 不推诿责任,告诉孩子遇事要先从自身找原因,不要总找别人的错。

细节36

让孩子养成对自己的行为结果负责的习惯

身边故事

一个人到瑞士访问的时候,在一个洗手间里,他听到隔壁小间里一直有一种奇特的响动。由于这响动时间过长,而且也过于奇特,因此引起了他的好奇心。

在好奇心的驱使下,他通过小门的缝隙向里探望。这一看使他惊叹不已。原来,小间里一个只有七八岁的小男孩正在修理马桶的冲刷设备。一问才知道,是这个小男孩上完厕所以后,因为冲刷设备出了问题,他没有把脏东西冲下去,因此他就一个人蹲在那里,千方百计地想修复它。而他的父母、老师当时并不在他身边。这件事令这个人非常感慨:一个只有七八岁的小男孩,竟然有如此强烈的负责精神,可见其父母的教育是成功的。

专家解析

马克·吐温是位有名的作家,同时也是一位成功的父亲,他和女儿之间始终保持着一种平等、民主和相互尊重的关系,家庭里洋溢着和睦融洽的气氛。

孩子有了过失,马克·吐温也决不姑息,让她们记住教训,不再重犯,只是马克·吐温惩罚女儿的方式也与众不同。

一次,马克·吐温夫妇想带着孩子到农庄度假,一家人坐在堆满干草的马车上,颤悠悠地向郊外驶去,一路上饱览着美丽的田园风光,这是女儿们向往已久的事了,所以,孩子们别提多高兴,在车上跳啊,笑啊。

可是就在马车出发前,大女儿苏西动手打了妹妹克拉拉,尽管事后是苏西主动向母亲承认错误的,但是按照马克·吐温制定的家规,苏西必须受到惩罚。惩罚的方式由女儿自己提出,经由母亲同意并付诸实施。

苏西提出几种受罚的办法,包括她最不情愿受到的惩罚——不坐干草车旅行。犹豫了老半天,苏西终于下了决心对母亲说:"今天我不坐干草车了,它会让我永远记住,不再重犯今天的错误。"马克·吐温非常理解女儿为自己决定的受罚方式对她究竟有多大的分量,苏西因为这次的惩罚,对这件事情记忆深刻,再也没有犯过这样的错误了。

责任感是衡量一个人成熟与否的重要标准。一个缺乏责任感的人,在遇到没有人能为他负责的时候,就喜欢哀叹自己的不幸,抱怨生活的不公。其实,所有的抱怨都是在做无用的减法。

责任感是孩子前进的一种动力,缺乏责任感的孩子只会坐享其成,缺少前进的动力。许多孩子出生在幸福的家庭,父母望子成龙心切,一心想让孩子成材,在这美好愿望的驱使下,许多父母心甘情愿、尽其所有、尽其所能地替孩子做一切事,把孩子的责任担到自己肩上。结果却是孩子缺乏奋发向上的愿望、缺乏责任感,这样的孩子是不可能成材的。可见,培养孩子的责任感是非常重要的。

责任感是人们对自己的言行带来的社会价值进行自我判断后产生的

情感体验。责任感是人们安身立命的基础,当一个人具有了某些能力时,就要对相应的事情负责。但是,儿童做事往往更多地重视行为过程本身,而不太重视行为的结果。

责任感是一种习惯性行为,也是一种很重要的素质,是做一个优秀的人所必需的。

心海导航

一位大公司的老板曾经讲过这样的故事。有个人来他公司应聘,经过交谈,他觉得那个人其实并不适合他们公司的工作。因此,他很客气地和那个人道别。那个人从椅子上站起来的时候,手指不小心被椅子上跳出来的钉子划了一下。那人顺手拿起老板桌子上的镇纸,把跳出来的钉子砸了进去,然后和老板道别。就在这一刻,老板突然改变了主意,他留下了这个人。

事后,这位老板说:"我知道在业务上他也许未必适合本公司,但他的责任感的确令我欣赏。我相信把公司交给这样的人我会很放心。"

梁启超说:"凡属我受过他好处的人,我对于他便有了责任。凡属我应该做的事,而且力量能够做到的,我对于这件事便有了责任,凡属于我自己打主意要做的一件事,便是现在的自己和将来的自己立了一种契约,便是自己对于自己加一层责任。"责任感对于一个人来说是极其重要的,因此父母要重视孩子责任感的培育。

现在有些父母不太重视培养孩子的责任感,当孩子遇到一些事情的时候,父母总想替孩子完成,希望能为孩子留出更多的时间去学习。责任感是孩子做人的基础,因为有责任感的人,首先要有一定的道德水准,否则他也不可能对事情负责任。责任感也是做事情的标准之一,没有责任感就不可能认真去做事。因此,要培养孩子的责任感,必须让他们养成对自己的行为结果负责的习惯

父母必读

※ 孩子并不是天生就具有责任感,它是在适宜的条件和精心的培植下,随着年龄和心灵的成长而生长起来的,而父母则是孩子的第一任老师,家庭是孩子责任感赖以滋长的土壤。

※ 要想培养孩子的责任感,就看家长怎样引导他,没有不称职的孩子,只有不称职的父母。因此培养孩子的责任感,首先父母要懂得自己所担负的在孩子品质和人格方面的教育责任,在家中为孩子树立好的榜样,"言必行,行必果",这样才能有威信要求孩子负责任,才能让孩子有好的模仿对象。

※ 父母的教养态度和行为对孩子责任感的形成具有重要作用。

※ 注重从自身周围的一些小事做起,从日常生活中点点滴滴的小事开始,从小慢慢培养孩子的责任感。

细节37

对于孩子的撒谎行为,教育比惩罚更有效

身边故事

小学二年级的程显在家里是乖孩子,又听话,又聪明,望子成龙的程爸爸一提到程显,脸上就挂满了笑意。

这天,程爸爸来到学校开家长会,班主任老师告诉程爸爸,程显在试卷上模仿家长签字,而且这已经不是第一次了。

专家解析

孩子撒谎几乎是每个家长都会遇到的问题。大部分家长都会把它当作一件比较严重的事情,惩罚也相应地重一些。但若只是单纯的惩罚,而不对孩子加以教育,不让孩子认识到事情的本质,是无法从根本上解决问题的。因为简单的惩罚会让孩子认为,被惩罚的原因是谎言被父母戳穿了,而不是撒谎本身,那么,只要以后的谎言不被戳穿,便什么事也没有了。所以,父母的重罚原本是让孩子不敢再撒谎,结果事与愿违,这些孩子撒谎反倒更频繁、更老练。

许多家长因为望子成龙的心理,对孩子要求十分严格,制定的规矩孩子稍有不遵从,就是一顿责骂,考试分数不如上次了,在学校里不听话了,偶尔无心做错事了……家长动辄就是一顿责打。

孩子的课余时间,也被安排得满满的,一三五学钢琴,二四六学书法,星期天还要参加英语加强班……孩子不但没有自由玩耍的时间,还要因为学习不用功而被家长教训。

久而久之,做错事又怕受罚的孩子不得不用撒谎的方法来应付家长以逃避责罚。

孩子是否爱撒谎在很大程度上取决于父母的教育。对于孩子经常出现言行不一、不履行诺言的行为,家长应该多从儿童的认识发展上来找原因。不要把孩子的这种行为看成是道德败坏而打骂孩子。如果父母从小就注意对孩子进行这方面的教育,孩子是可以养成好的习惯的。

心海导航

每个父母都不喜欢孩子撒谎。但是,许多孩子却是说的一个样,做的另一个样;当面一个样,背后另一个样。面对孩子的这种行为,许多父母是既生气又着急,对孩子不停训斥甚至是惩罚,但是,这种方法有时却促使孩子更擅长于撒谎了。

其实孩子的这种行为并不是天生的,而是由后天的某种需要引起的,比如为了满足吃的需要、玩的需要,甚至是为了逃避受批评、受惩罚。从心理学来看,儿童的道德意识和道德行为的发展是紧密相连的。道德意识决定着道德行为，道德行为又反过来体现着道德意识。但是，由于儿童认识水平跟不上道德行为，常常会造成认识和行为的脱节。许多孩子明知自己的行为是不对的，但由于意志力薄弱、自制力不强，无法控制自己的行为，造成他们说话不算数，答应人家的事却又不做。

李琪是一个品学兼优的男孩。小学三年级时，李琪因一次撒谎，被父亲重打一顿。此后，他变本加厉，不仅时常撒谎，而且每次都是面不改色心不跳。

他第一次撒谎的经过其实很简单：一天中午，李琪告诉妈妈下午老师要带同学们参观博物馆，但爸爸路过博物馆时才知道那天博物馆没开门。晚上，在爸爸妈妈的再三追问下，李琪不得不说出实情，原来他和班上的几个同学相约到少年宫去玩了。于是爸爸勃然大怒，把李琪打得身上青一道紫一道。

原来李琪上午就答应了同学要去少年宫，但是怕爸爸妈妈不许，自己在同学面前不仅会没有面子，也会让同学觉得自己没有信用，所以，他只好用这种方式来应对父母。应该说和同学去少年宫玩的要求很合理，但李琪的父母对李琪一向要求比较严格，李琪知道如果直说，父母一定会拒绝。

其实这件事，作为李琪的父母，首先是不应该责怪孩子，而是应反省自己，因为孩子有这样合理的要求却不敢直说，这是一个严重的问题。做父母的，是不是平时对孩子的一些合理要求没有给予满足？是不是常常粗暴简单地拒绝他那些不合理的要求而没有耐心解释？显然，造成这样的结果，主要责任应该在父母。

父母应该放下架子，心平气和地和孩子谈一谈。首先要肯定李琪谎言背后的诚信，告诉他："你想要在同学面前说话算话的态度很好。但是以后要先和爸爸妈妈商量。"其次要告诉他："和同学去少年宫玩没有什么不可以，你以后想做什么可以和爸爸妈妈直说。爸爸妈妈如果不同意也一定会把道理好好和你说。以前爸爸妈妈在这方面做得不好，以后也吸取教训。"

这件事，两方都有错。爸爸妈妈的错是在教育方法上太简单，以至于让孩子不敢和他们有正常的交流。

而李琪的错,在于选择了一个错误的方法去达到合理的要求。

如果爸爸妈妈问清李琪撒谎的原因,好好给孩子讲道理,让他认识到自己的错误,并自我检讨,在以后的教育中不断完善不合理的教育方式,这样,李琪就不会变本加厉地撒谎了。

父母必读

※ 孩子做了错事,总会有前因后果,做父母的,别先急着责打孩子,和孩子坐下来平心静气地谈谈,分析原因,让孩子认识到错误。这比责打效果更好。

※ 平时多和孩子交流,当孩子要用撒谎来达到某种目的的时候,家长们就应该好好反思一下了。

※ 很多父母要求孩子全能,不让孩子输在起跑线上,把孩子的每一分钟时间都掐得紧紧的。父母之所以这么做,大部分原因倒是因为想让孩子圆自己的梦,做自己当初没有做的事。孩子毕竟是孩子,得给他们一些空间。

※ 大人应该教导孩子出现缺点和错误时要勇敢承认,接受批评,绝不隐瞒。为使孩子养成一种优良习惯,父母可以给孩子讲一些名人诚信正直的故事。针对社会上那种坑蒙拐骗的行为,父母要态度鲜明地进行批判,要让孩子坚信,这种弄虚作假的行为是必将受到惩罚的。这样,孩子长大以后才能成为一个光明磊落的人。

细节38

让孩子学会接受批评

身边故事

萌萌7岁了,她是个很要强的孩子,既想表现自己,又不能克服很小的困难,没有耐心和忍受力,更不能接受批评。妈妈把她从小带到大,一直只对她进行表扬,所以萌萌是个在表扬中长大的孩子。

这天,老师要求大家认真看课文,萌萌和同桌讲悄悄话,老师批评了她,萌萌一听,在课堂上就大哭起来。

专家解析

法国心理学家高顿教授通过一项专题研究证实:孩子从来没挨过批评,到处都是赞扬声,很容易变成"老虎屁股摸不得"的小霸王,不知道什么是对的,什么是错的,是非不分,这对他们的心理健康发展毫无益处,也不利于孩子责任感的培养;而当这些在儿童时代难以接受批评的孩子长大后,也大多会对批评抱有"敬而远之",或干脆"拒之门外"的消极态度,他们会无法面对挫折,更无法适应社会的需要。一个不能接受批评的孩子,看不到自己的缺点,看不到自己的弱势,自然不能培养高度的责任感。

教育孩子须坚持以表扬为主。当孩子取得成绩时,克服困难取得成功时,父母一定要给予肯定、表扬和鼓励,让他们尝到战胜困难的喜悦。家长在指出孩子的"美中不足"时,语气一定要温和,分析一定要中肯,以理服人。

把批评蕴藏于表扬之中的做法,会帮助孩子早早意识到批评和表扬是同样常见的事情,培养他正确面对批评的心态。但在批评时,千万不能损伤孩子的自尊心。

当孩子做了错事时,他正处于悔恨之中,不知所措,此时父母批评孩子,应先对孩子做得好的方面给予肯定,然后再指出做得不对的地方,要让孩子知道家长不是光把眼睛盯住他的错处。批评孩子错处时,只谈眼前做的错事,不翻旧账,以前的事已经批评过了就应该"结案",不能老是记着孩子以前不好的地方,让孩子觉得在父母面前永远无法翻身。这样很容易挫伤孩子幼稚的自尊心,孩子从内心里就会不接受这种批评。

在批评时允许孩子作出解释。如果批评不符合事实,告诉孩子:给他解释权,目的绝不是推卸他所负的责任,而是要他实事求是地面对。如果你强硬地要求孩子改正错误,孩子从心里不服,他就会虚假地答应你,表面上接受了你的批评,但心里感到受了很大的委屈,这对他接受你的批评没有任何作用。

家长在批评孩子时可以搂着他的肩膀说话,或拉着他的手讲道理给他听。我们都知道忠言逆耳,有些听不得一句重话的孩子会非常排斥所有指责他的话。所以当我们实在需要责备他时,应该用眼睛正视孩子;在说指责他的话时,身体部分要有接触,这样就能达到恩威并用的效果。

实际上,孩子不爱听批评,问题还是出在父母身上。因此在批评孩子时如果能注意上面这些原则,孩子通常就容易接受你的批评了。孩子学会了善待批评,那么批评也会跟表扬一样,成为鼓励孩子前进的动力。

心海导航

德国著名的早期教育家卡尔·威特对于儿子的善行,他会加以表扬。尽管如此,威特仍然提醒其他父母:不要给孩子过多表扬,也不要表扬过头。原因之一是随便表扬,表扬也就失去了作用;原因之二则是不让他自满,自满的孩子不会有很强的责任感。

父母总是炫耀孩子在这方面或那方面的"与众不同",这很容易使孩子感到

自满。孩子一旦自满起来,以后就难以纠正了。因为一些潜质很好的孩子不能成为栋梁,源于孩子的骄傲自满,狂妄自大,正是骄傲自大毁掉了他的潜质,毁掉了他成为天才的机会,也在无形之中让他对责任意识淡薄。

和许多成年人一样,孩子们往往也喜欢受表扬而反感批评。法国心理学家高顿教授通过一项专题研究证实,那些难以接受批评的孩子长大后,大多会对批评持"避而远之"或干脆"拒之门外"的态度。由此看来,让孩子在幼儿时代就学会接受批评无论对一个人完整人格的塑造,还是对促成其事业的成功,都具有相当积极的意义。那么,年轻的爸爸妈妈们该如何让孩子学会接受批评呢?法国的一些儿童教育专家为此提出以下建议:

批评过后,父母不要一直板着脸说话或不理睬孩子,如果本来打算和孩子出去玩,也不能以孩子今天做错事为理由不带他出去,要让孩子知道,做错了事就应受到批评,但父母不会因为他做了错事就不爱他。

很多家长对待孩子的错误会采用冷处理的方式,冷处理并不意味着对批评默默无语。父母应当教育孩子对批评的合理成分要虚心接受,甚至可以列出改进的办法或措施。当然,对批评者的感谢更能体现出接受批评的诚意。不少孩子可以做到认真倾听并虚心接受来自老师或父母的批评,但对来自同龄人的批评却拒之门外。这时应教育孩子:只要批评有道理,即便批评是来自小伙伴,那也应该虚心接受。

实际上,只要孩子学会了"善待"批评,那么批评完全可以如同表扬一样,成为鼓励孩子前进的春风,而且还可以起到表扬难以起到的警示作用。

父母必读

※ 教育孩子,当然应该坚持以表扬为主,但也还是要有意识地让孩子既听到正面的肯定,也听到反面的批评。

※ 批评孩子一定要语气温和,分析中肯,而且以更多的表扬为前提,有意识地使孩子体会到:批评和表扬同样常见。事实上,在儿童时期就能适应批评的孩

子,长大后往往也较能适应社会,其中包括拥有正确对待来自他人的批评乃至非议的平和心态,以及较强的承受挫折的能力。

※ 不论批评有多尖锐、多不中听,你都应该要求孩子认真倾听。因为只有认真倾听,才会发现其中确实有几分道理,最后才能虚心接受。

※ 让孩子渐渐明白:对他人的批评要认真倾听,因为这不仅是一种文明的表现,而且也是完善自我的必要方法。

细节39

对孩子要宽容但不纵容

身边故事

方然然是一个聪明、开朗的孩子,但有个"常有理"的毛病,总爱找各种借口为自己辩护,推卸责任。玩完玩具,妈妈让他收拾,他说:"一会儿我还玩呢。"过了一会儿,妈妈再让他收拾,他就说:"我累了,想休息。妈妈你帮我收吧!"可是如果小朋友来家里玩,他就责怪人家玩完后不收拾玩具,责怪人家把地面弄得太乱。妈妈说:"你是小主人,应该带头收拾。"他却说:"玩具是他玩的,应该他收,小朋友应该自己的事情自己做。"方然然仿佛什么道理都明白,但是什么都不愿意自己做,妈妈真是拿他没办法。

专家解析

像方然然这样习惯在别人身上找原因的现象,在其他孩子身上也普遍存在。这类问题在于孩子没有责任感,所以家庭教育的关键是培养孩子的责任感。

责任感是一个人对他所承担的任务的自觉态度,包括对自己的责任、对他人的责任、对集体的责任和对社会的责任。责任感是孩子能力发展的催化剂。对自己有责任感的孩子,自觉性强,让家长省心;对他人有责任感的孩子,亲善行为多,让家长宽心;对集体和社会有责任感的孩子,人小志气大,让家长放心。有责任感的孩子自觉、自爱、自立、自强。可以说,责任感是走向成功和幸福人生的必备条件之一,而缺乏责任感的人与成功无缘,也会与幸福擦肩而过。

学生从入学开始,就承担起了一种社会责任。学习是社会、国家与民族赋予他的一种历史责任,而承担起这一责任,就要从良好习惯的养成做起。从小培养自己的事自己做,不但要有始有终,而且要有恒心有自信;今天的事今天做,事事都要对人对己负责任。

当然,孩子的责任感不是突然出现的,它伴随孩子的成长而不断养成,家长要根据孩子不同年龄的发展特点采取相应的教育方法与措施。

3~4岁的孩子属于被动责任阶段,能按照家长的指令完成一定的任务,家长带养孩子也比较顺手,但这时的孩子只是一味地顺从大人,并不理解责任的意义。

5~6岁的孩子属于半被动半理解的责任阶段,开始明白"自己的事情自己做"、"小朋友要互相帮助"等责任和规则,但常常需要他人提醒,这一阶段是培养孩子责任感的关键期。

6~7岁的孩子属于理解责任阶段,认识水平进步提高,不但知道要对自己、对父母、对小朋友负责,还初步知道要对社会负责,例如出现环保意识、公益意识和集体意识。但是他由认识层面向行为层面转化的自觉性和自律性还不高,需要家长继续培养。

心海导航

李林是学校的三好学生,爸爸对他的教育从来没有放松过。爸爸给他规定,每天自己洗自己的袜子,扫地,饭后洗碗。

可李林总是在爸爸不在家的时候,找各种借口让妈妈帮他做。有一次晚上11

点了,爸爸回家,发现妈妈正在洗李林的袜子,而李林早已睡着了,于是爸爸二话没说,拿起洗好的袜子就从楼上扔了下去。然后爸爸把李林叫醒,让他穿上衣服,打着手电筒到楼下草丛中去找,回来以后重新洗好袜子再睡。

李林通过这一次教训,再也不找各种理由让妈妈帮忙做这做那了,爸爸扔袜子,为李林培养了良好的责任感。

借口是孩子的一种自我保护方式,孩子经常用借口来应付父母的督促、检查,不但会养成说谎的习惯,而且容易掩饰潜在的缺点。在教育孩子的过程中,家长常常对孩子众多的借口感到头痛。

孩子学习成绩下降,犯了错误或自尊心得不到满足时,就会用借口来取悦父母,避免可能遇到的批评、指责。生病、不舒服、老师说的话,都是孩子通常喜欢用的借口,有的还会套用父母的话作为借口用来抵御父母的批评。消除孩子借口的最好方法是找准孩子的借口的依据。

孩子说身体不舒服,你不妨带他去求医,若孩子无病就可以直言戳穿他的谎言。若孩子用老师的话当借口,父母应主动跟老师取得联系,了解老师的要求,从而主动配合老师做好工作。孩子的借口经常是既幼稚又有趣的,千万不要用指东说西的方法指责孩子。如果你没有抓住驳斥孩子的正当理由,孩子就不会服气。

另外,父母与子女之间的沟通很重要。对一些问题,孩子心中有自己的看法,甚至对父母、老师也有看法,他们找借口就是为了避免与长辈发生冲突,应当设法让他们把意见说出来,必要时也可让他们发泄一下。家长如能做好这方面的疏导,就能把孩子培养成一个有自信心的人,一个充满自信的人,就不需要什么借口了。

家长要用自己的言传身教影响孩子,培养孩子的责任感。让孩子学会面对现实,敢于承担责任,对自己的错误要大胆承认,"金无足赤,人无完人",做错了,没关系,只要改正就是好孩子。对孩子要宽容但不纵容,给孩子一个适当的空间,不要因孩子犯错而责罚孩子。孩子太小,很多事情需要家长给予指导和引导,和孩子多谈谈名人学习的故事和自己的经验,培养孩子好的学习习惯和行为规范。

父母必读

※ 孩子做错事找借口是不对的,但造成这种现象的原因家长应分析一下。没有孩子不想做一个负责任的孩子,当孩子做了错事,家长是如何处理的?有时候,家长一个小小的失误就可能给孩子造成心理阴影,使孩子不敢再次承担责任,所以找借口推卸责任。

※ 家长要积极与孩子沟通,不要单纯地说教,要和孩子交朋友,尊重孩子,让孩子接受自己,这样孩子才能说出自己的心里话,家长才能找出事情的症结,有的放矢地解决问题。

※ 很多孩子如果犯错误就找出很多理由开脱自己,其实这些孩子很聪明伶俐,而且很有思想、肯动脑子,只是旺盛的精力用错了地方,他(她)为了达到自己的目的与家长斗智,因为孩子知道如果直说出来,家长肯定不会同意,为此,孩子就要起小聪明。

※ 家长要正确对待孩子找借口的现象,勿放任,因为这可能在孩子心中种下不负责任的种子。

细节40

允许孩子犯错误,但不允许孩子推卸责任

身边故事

有个9岁的小淘气,平时最爱踢足球了。有一次,他将足球踢进牛爷爷家的屋子里,将牛爷爷种的花盆砸碎了。

小淘气吓得哭了起来,牛爷爷从屋里出来,摸着小淘气的头说:"不要哭了,都怪爷爷不好,没将花盆放好,小淘气不哭了,都怪爷爷不好。"小淘气破涕为笑了。

晚上,小淘气的爸爸了解了事情的经过后,对小淘气说:"以后不要在院子里踢球了。"小淘气理直气壮地说:"爸爸,又不是我的错,牛爷爷都承认是他的错了,你怎么还骂我啊。"

小淘气的爸爸语重心长地说:"孩子,爷爷是怕你责备自己,所以才没怪你,做错了事就要承担,不能将责任推卸到牛爷爷身上。"

在爸爸的教育下,小淘气第二天很早便到牛爷爷家跟牛爷爷认错了。

专家解析

妞妞的爸妈经常陪她做作业。有一次,妞妞考试考砸了,被妈妈批评了,妈妈要她保证下次要考好,妞妞说:"下次我给你们考个100分,你们给我什么奖赏?"妞妞心中已经有了"书是为着父母读,考试也为父母考"的意识。这个时候,有的家长或许会承诺,给孩子什么什么奖,但明智的做法,应该适时教育孩子,考好试,是孩子自己的责任。还有的家长,孩子考试考砸了,自己到老师那儿打招呼,称自己不知道孩子要考试,没有给他复习。这样,久而久之,孩子会成为自己事情的局外人,认为一切责任都有人为他承担。

在日常工作、生活中,我们常见有一类人,他们头脑聪明也很能干,但却工作平平,甚至常出纰漏,究其原因,周围人的共同看法是此人缺乏责任感。相反,另一类人并无过人之处,但做事却目标明确,敢做敢当,事业有成,与之共事的人也很信任他,具有良好的信誉,分析原因也很简单,因为此人对人、对事、对工作有强烈的责任感。可见,责任感的培养是一个人健康成长的必由之路,也是一个成功者的必备条件。所以说,责任感的培养在当今社会显得非常重要。

责任感是每个公民应具备的基本素质,责任感的培养正在引起社会上有识之士的关注。美国的西点军校将"责任"这两个字作为学校的校训。联合国教科文组织曾在一个《学会关心》的报告中，特别强调了责任感的问题，认为直接触及到人类基础道德最本质的东西，那就是责任感。

心海导航

有一位家长，暑假刚开始，他就给孩子布置了一项特殊的"作业"，要求孩子洗涮每天晚饭后的饭碗。开头几天，这个孩子做得还有些兴趣，但几天以后，就嚷着要父母用"奖励"来兑现，不出半月就再也不愿做了。可这位家长很认真，坚持要孩子履行诺言。他说，不在乎孩子做家务的多与少，而是在乎孩子是否有责任意识和行为。

这位家长的话颇有道理。现在有些孩子似乎并不真正"认"得"责任"两字，即使对自己的生活琐事也少有责任的概念。

许多专家认为，新世纪摆在我们面前的第一个挑战，既不是新技术革命，也不是经济发展，而是下一代的问题。一个缺少责任感的人是不会真正关心他人，无法与他人真诚合作的，也是无法适应社会的。可以说"学会负责"已成为进入21世纪的通行证。为此，我们应该重视对孩子的责任感的培养。一个人在小学阶段，他的独立意识、自我意识开始迅速发展，这个时候，正是培养责任感的最佳时期，所以，我们要为孩子从小就打好这个基础。只有具备高度责任感的人，才会主动承担起对家庭的责任，对社会的责任、将来才会努力工作，报效祖国，报效父母。

古人说："一屋不扫，何以扫天下。"纵观古今中外历代名人创下的种种辉煌，无一不是高度责任感的结晶，而社会的诸多悲剧大多是不负责任产生的后果，所以，对青少年的责任感培养已经引起整个社会的高度重视。

父母必读

※ 培养孩子认真负责的精神，允许孩子犯错误，但不允许孩子推卸责任，更不应帮助孩子寻找理由逃避责任。

※ 要让孩子清楚,只有什么事都不干的人,才是什么错误都不犯的人。孩子犯了错误,父母没有必要大惊小怪,更不应该求全责备,只要孩子勇于承认错误,父母就要原谅孩子,就要表扬孩子的负责精神。

※ 孩子每一次犯错误,每一次承担责任,都会使其自我完善一步,个性成熟一步。当然,孩子每一次犯错误之后,父母都应当帮助孩子总结教训,而不是事后说风凉话"不听老人言,吃亏在眼前",等等,教育孩子明白聪明人不是不犯错误,而是不在同一点上犯错误。

细节 41

孩子有过失时,要让他自己承担责任

小曼刚开始蹒跚学步时跌倒了,妈妈就"砰砰砰"使劲用脚踩地说:"都是地不好,让我们的小宝宝摔倒了。"小曼撞到了桌子上,磕痛了,妈妈就"啪啪啪"使劲用手打桌角,说:"都是桌子不好,把我们的小宝宝碰痛了。"此后,小曼一受委屈,就眼泪汪汪地瞧着妈妈,因为,总有一样东西不好让她受委屈了。

一眨眼,小曼已读一年级了,渐渐懂事了,不过,她做错任何事,都能找出解脱的理由来。要是摔了一跤,她会说:"妈妈,今天我摔了一跤,是外公不好,他没有拉住我的手。""妈妈,今天我没拿到小红花,是老师不好,刘海摔倒了,我把他扶起来,老师没看见。""妈妈,今天我上学迟到了,是爸爸不好,他没及时叫醒我。"这个不好,那个不好,就她自己没什么不好。

专家解析

华华喜欢赤脚在地板上跑。天冷了,妈妈让她穿上棉拖鞋,她跑着跑着,就把棉拖鞋跑丢了。妈妈急忙给她穿上,可不到5分钟,她又不知将棉拖鞋扔哪儿了。妈妈心疼她,怕她着凉,只好在地板上铺上棉垫子,任她赤脚在棉垫子上玩。

华华玩着玩着,赤着脚去了厕所,这样一来,着凉了,发起了高烧。医生说要打吊针,华华从小怕打针,一听,吓坏了,她一边用小拳头拼命捶打妈妈,一边大哭大叫:"是妈妈不好,是妈妈不好,你怎么不在厕所里铺上垫子。"

妈妈看着华华含泪的双眼中的怨恨,心想这样下去,假如华华长大了,找不到一个理想的工作,或是别的什么不如意,她会不会也用这种怨恨的眼光看我,然后说:"都是妈妈不好,你没本事给我安排一个好工作。"这样,妈妈对她的爱,不是招她恨的缘由了吗?

妈妈知道以前的教育方式出了问题,等华华感冒一好,妈妈做的第一件事就是将地上的棉垫子全都收起来,然后一字一顿地对华华说:"你把棉拖鞋穿好,要再穿丢了,着了凉,那就是你自己不好!你必须学会自己承担责任!"

孩子的依赖性是从哪里来的呢?一般来说都与父母的溺爱有关,父母包办代替越多,孩子的依赖性越强。相反,父母如果鼓励孩子自己的事情自己做,孩子的依赖性将会大为减少。

孩子由于年幼缺乏知识和经验,经常会发生一些过失,这毫不奇怪。譬如,不小心打碎了物品、一时冲动伤害了别人、粗心大意造成了麻烦,等等。发生这类过失的时候,许多父母会责怪孩子:"你怎么搞的?快走吧,回家写作业去。"于是,孩子没事了,什么责任也不必负,回去该学习就学习,该玩就玩。父母则留下来承担责任,又是道歉,又是赔偿。如此这般,孩子怎么可能有责任感?细想一下,不正是父母剥夺了孩子履行责任的机会吗?

一般来说,孩子有了过失的时候,恰好是教育的良机,因为内疚和不安使他急于求助,而此时明白的道理有可能刻骨铭心。当然,在这种时候,父母应当保

持冷静,尽量不要大声训斥,更不要夸大其词恐吓孩子,而应当实事求是地讲清道理,明确指出弥补过失的方法。

在一定意义上讲,也可以把孩子发生过失的时刻称为关键时刻,因为能否理智处理过失具有关键作用,如果处理不当,孩子也许会毫不在意责任感,或者过于恐惧而导致精神崩溃;如果处理得当,孩子可能会吃一堑长一智,由此走向成熟,成为一个富有责任感的现代人。所以,不论孩子有什么过失,只要他有一定的能力,就应当让他承担责任,这是现代父母的真正爱心。

心海导航

蕊蕊上四年级了,可她一向习惯于睡懒觉。每天早晨,妈妈几次催她起床,她总哼哼叽叽地说:"再睡一会儿。"如果真迟到了,她会抱怨父母不把她拉起来,害得她受老师批评。

这样过了好长一段时间,爸爸决定让她自己对自己负责,于是对她说:"上学是你自己的事情。从明天早晨开始,该几点起床你上好闹钟。如果闹钟响了你还不起床,你就懒吧,肯定没人叫你,一切责任自己负!"父亲心中有数:孩子跟父母撒娇,在老师、同学那里还是很在意自己的形象的。果然,第二天早晨,闹钟一响,蕊蕊就跳下床来。从那时起至今,五六年过去了,蕊蕊早晨起床上学从来不用家长催。

孩子的潜力很大,可以做很多事情,只是因父母的溺爱剥夺了他自立的能力。譬如,孩子的学习也是自己的事,靠自己认真听讲、认真思考、认真复习和预习,独立完成学习任务,才能真正掌握学习本领。大人陪读、陪写,甚至帮写帮计算,都是在帮倒忙,是在培养懒孩子。当然,孩子个人学习很勤奋可是仍搞不明白,帮他分析一下甚至请家庭教师都可以,但必须以孩子独立学习为前提,切忌包办代替。久而久之,孩子会成为自己事情的局外人,一切责任都有人为他承担。而有些家长也非常乐意承担责任,孩子考试成绩不理想,家长说我不知道要考试,没给他复习;孩子的学习用具没带,家长又说忘了给孩子准备。有的家长三

天两头请假给孩子送东西,怕孩子受委屈,有的家长就干脆叫孩子把画笔、水桶等,长期放在教室里,省得孩子记不住,这样更放纵了孩子不负责任的行为。

试想,一个孩子,如果现在不在心中种下责任的种子,将来怎样走向社会?且不说对社会作出贡献,就是生存都将存在问题,我们一定要配合学校,从抓责任感的培养着手,培养孩子的素质。

一个人有了责任感,有了承担责任的勇气,将来在社会上才能扮演好自己的角色。

父母必读

※ 培养孩子责任感要从小处做起,孩子借别人的东西,要让孩子按时归还,而不是家长收拾好后去还。

※ 说话要讲信用;损坏别人的东西要给予赔偿;做错事要学会承担责任,勇于认错。

※ 不要认为孩子在学校有老师教育引导,一切万事大吉,因而非常放心,忽略家庭教育,对孩子过分娇惯。家长应教会孩子承担责任,以培养孩子的责任感。

细节 42

棍棒教育只会扭曲孩子的天性

身边故事

娜娜每天起床都挑选衣服,红色的裙子,绿色的袜子,东挑西拣,所以上学常迟到。这一天她又挑来挑去,妈妈生气了,就狠狠地打了她一顿。第二天,娜娜

看着妈妈拿来的衣服,不太喜欢,问:"就这一件?!"

妈妈板着脸说:"昨天是怎么讲的?"娜娜想起昨天挨打,赶紧改口,说:"我的意思是就要这一件。"

专家解析

这就是我们的棍棒教育,扭曲了孩子的天性,使他们没有自己的主张,一切以大人的意见为准。

最近,刘凯打碎了同学的眼镜,被爸爸狠狠揍了一顿,爸爸认为,平时看儿子也是里外不顺眼,实在烦心,因而特羡慕别人家里有个懂事的孩子。

在刘凯爸爸的眼里,怎样的孩子才算"标准孩子"呢?他觉得"标准孩子"就是一切听大人嘱咐,按大人意图办事的特别听话的孩子。因为刘凯爸爸觉得这样的孩子应该比较安静,很少打架和打闹,遵守纪律,认真听讲,老师说啥是啥,对自己要求很严格,很受老师喜爱。

或许希望孩子够得上这些标准的父母不在少数。殊不知,这样的孩子才很有可能是问题儿童。

因为这类孩子在心理上往往过于防卫,一切按大人指导办事,一旦失去了大人的指点,就会茫然不知所措。如果孩子在成长中不能形成独立的意识,缺乏独立适应环境的能力,往后发展很可能导致心理上不健康,人格上有缺陷,甚至束缚智力的发展,不利于孩子形成自己处理事情的能力,不利于孩子责任感的培养。

绝大部分家长跟孩子谈话的口气,总是居高临下,内容也总是训导孩子该如何如何。而很少有家长跟孩子谈自己,谈自己的苦恼,谈自己的难处,谈自己的失败,谈自己的人生。因为家长害怕跟孩子谈这些,怕影响自己在孩子心目中的形象,降低在孩子眼中的威信。

事实上,孩子逐渐长大了,对人世间的事情已经有一些了解,对是非、好坏、善恶、美丑等已经有了一定程度的判断能力。家长们可以向孩子敞开交流的大

门，向他们讲一讲成年人的苦恼，家事的繁琐劳神，工作的难处和困惑等，使孩子从小就懂得父母之不易，生活之艰辛，产生为父母分忧的想法。这时父母应敏感地意识到孩子的心愿，对他们的理解与分忧的愿望表示欣赏，并且为有这样懂事的孩子感到欣慰。在对待家事上，父母应该听一听孩子的意见。采纳他们有价值的建议，欣赏他们任何帮助父母和改善家境的举动，这些都能有效地激发孩子的责任感。

心海导航

周日午后，刘凯妈妈带着儿子去图书馆打发时间。妈妈和刘凯兵分两路，妈妈去成人阅览室，刘凯去儿童阅览厅，各寻其乐。妈妈和以往一样借完书，来到儿童阅览室，兜了一圈不见刘凯的踪影，正在着急，猛然发现他正坐在最里边角落"读"得入神，面前铺展着一大堆的卡通书，花花绿绿的，仿佛正映照出他此时的缤纷心情。妈妈松了一口气，便找了本杂志就近挑个座位翻看起来。

旁边两位"陪读"妈妈，正一字一句地为两个和刘凯差不多年龄的小女孩读书中的故事。其中一个便和刘凯妈妈搭讪："你家孩子多大了，识多少字？"刘凯妈妈告诉她刘凯刚上小学一年级，还不怎么识字。那位妈妈好奇地接着问："不识字怎么看得那么认真？能看懂吗？"刘凯妈妈正想解释，刘凯已经捧着一大摞的卡通书坐过来了，撅着小嘴嘟哝道："谁说我看不懂，阿姨，我告诉你，这里是……"一系列关于数码宝贝的故事奇奇怪怪地冒出来，大家忍俊不禁。

其实，美妙的故事不只流传在文字里，也躲藏在孩子自己的想象里。不识字的孩子，同样可以养成"阅读"的习惯，让他们更自主地得到快乐。培养孩子勤于思考的习惯，充分发挥孩子的想象力。做父母的，只需要回答孩子在阅读中发现的千奇百怪的问题就行了。时间长了，孩子自然能够像模像样地阅读，并能收到意想不到的效果。

善于倾听孩子的意见，是家庭民主的重要标志，又是父母育人的一种能力体现，也是对话获取教育信息的源泉。无论何时何地的对话，我们都要洗耳恭

听孩子的发言，从孩子的言谈中试探孩子对家庭教育及其他方面的看法和意见，了解下意识脱口而出的心里话，从中发现孩子的要求和志趣，寻找解决问题、发展自我、超越自我的办法或途径。比如，孩子需要学习资料，是他自己去买，或是父母陪同他去，还是父母代替他买，事先要征求孩子的意见；购买衣裤等生活用品也是如此。

父母必读

※ 孩子说话的时候，让他说完，别用威严的声音打断他。不要以为孩子没什么主见，年龄小提不出什么建议。孩子有孩子的想法，在他小小的思想里，有些想法是大人也不曾涉及的。

※ 平时带孩子出去买东西，尤其是买孩子的东西，不要自作主张，最好征求孩子的意见，因为毕竟用的人是孩子，而不是父母。在这样的建议中，孩子得到了成长，责任感也在无形之中得到了培养。

※ 多听听孩子的声音，如果你总是忽视孩子的话，到后来，孩子也会忽视你。

※ 尊重孩子的见解，鼓励孩子把要说的话大胆地说出来。如果孩子一贯唯唯诺诺，在家长的权威之下长期压抑，长大后，他也将是一个毫无主见的人。

第五章
培养孩子输得起的心态

人非圣贤，孰能无过？家长要允许孩子失败，正确对待孩子的失败。当孩子在独立做事的过程中遇到困难时，家长的批评和嘲讽就成了熄灭孩子火热干劲的冷水，而过分的严厉态度则会使孩子产生胆怯心理，永远畏缩不前，再也不敢去做必须承担责任的事情了。

细节 43

让孩子在竞争的过程中正确面对失败

身边故事

小雨今年 7 岁,家里十分富裕,平时是家里的"小皇帝"。长辈们对他非常疼爱,不是买这个就是买那个,好吃的,好玩的,应有尽有。

但妈妈却日渐发现儿子无法面对失败,比如与别的孩子一同赛跑时落后了,或者和妈妈下跳棋连输两盘,他都会"哇哇"大哭甚至做出过激的举动。做错事被老师批评了,他会跺脚、叫喊,气得自己打自己,甚至撞墙。

妈妈非常担心,小雨小小年纪,连一点失败也承受不了,将来进入社会要面临很多竞争和失败,他又如何面对呢?

专家解析

大部分的孩子如果生理和心理正常的话,都能够接受一定的失败和挫折。有一部分孩子的承受力比同龄人表现得差或幼稚,也不应当认为是问题,因为成长速度总是有快有慢,越是早期差别越大。可能是家庭环境的优越,又是独生子女家庭,所以父母对孩子比较宠爱,平时满足孩子的一切要求,使得孩子认为自己可以要什么有什么,所有的人都应该听自己的,一旦他的欲望没有得到满足或者面临失败,就会有比一般孩子更强烈的挫折感,因此表现为无理取闹,或者因为无法接受而采取过激行动。

哲哲进小学一年级后,非常好胜,赢了得意洋洋,输了大发脾气。总爱跟同伴争,特别爱占上风,从球踢得多远,到家里有多少玩具,都要胜人一筹。如果不如别人,他就会吵闹哭叫,妈妈对他这种表现一筹莫展。

孩子争强好胜不服输当然好,可连一点失败都承受不了,这的确让父母左右为难。淡化竞争意识吧,孩子将来是否会处于劣势?一味强调竞争,又怕给孩子心理造成压力,还担心孩子变得功利和不讨人喜欢。那么,父母该怎样看待孩子间的竞争呢?

孩子的竞争不能用好坏定义,但它能造成正面和负面的结果。

心海导航

新新和牛牛玩跳棋,还没走几步呢,新新发现自己落后就忍受不了了,最后竟然把棋盘弄得乱七八糟。孩子太在意输赢,导致不能承受任何挫败。

为了避免刺激孩子强烈的竞争欲望,最好不要给他们制造激烈竞争的机会和场合。他们毕竟还小,还不能忍受自己被淘汰的现实。生活中,有些孩子的竞争意识特别强烈,从性情方面说,这是与生俱来的;从性别方面说,男孩比女孩更喜爱与人竞争。但如果一个孩子在游戏中只有赢他才爱玩,或者因怕输而不参与任何活动,就是父母的教育有问题。

在平时和孩子一起玩游戏时,父母要告诉孩子无论赢输,父母都爱他。

对好胜的孩子来说,假如他在班里个子最矮,或不会跳绳,都会让他担心自己落在同伴后面。当孩子向父母吐露内心的不安时,父母最好不用"你很聪明"、"你画画好"等话来应付了事。不如通过比较的方式来安慰孩子,比如拿孩子另一长处与他的失败项目相比,这样孩子会明白每个人都有自己的强项。

父母的最终目标,是要让孩子把注意力放在所做的事情上,而不总是在意自己有没有超过别人。

孩子争强好胜,就会不能接受失败,因为怕输,而不去做自己想做的事。竞争还会增加孩子的心理压力,引起焦虑和不安。尤其那些天生要强又比较内向的孩子,更容易出现这种情况,因此,父母应让孩子在宽松的环境下发展和丰富自己。

如果每个做父母的都能对孩子不能接受失败引起重视,并及时调整家庭教育的方式方法,相信每个家长都会从中得到收益。

心海导航

※ 当孩子只关注自己的欲望时,便公开一些家中其他成员的欲望,几个欲望摆在一起后,与孩子探讨各种欲望的缓急轻重,最后征求孩子的解决办法。

※ 好父母应该会观察孩子,孩子有竞争意识,各方面能力都进步很大。孩子喜欢和小伙伴作比较,是和他们突飞猛进的行为能力发展有关的。

※ 当孩子掌握了新技能,无论掌握的程度有多深,他都会非常引以为荣,并把这些能力当成和其他人作比较的资本,孩子在用行动来证明自己是最棒的,还有比这更有价值的竞争意识吗?

※ 家长留心引导,让孩子在竞争的过程中正确面对失败,帮孩子调整自己的心态。比如平时,不再无条件地满足孩子的要求,一旦他的情绪出现波动,就采取冷处理的方式,而不是简单地妥协。当孩子的情绪平静下来时,再进行教育。

※ 适时了解孩子的动态,发现优点及时进行表扬,树立孩子的自信心。

细节44

不要忽略孩子的个性而过分管制孩子

身边故事

小杰特别喜欢大自然,高考报志愿的时候,报了林业学院,妈妈听说后,觉得小杰报考的专业没有前途,将来不会有出息,赶到学校将小杰的报考志愿改了。

考试结果出来,小杰知道志愿被妈妈改了,心里很生气,想起小时候,大大小小的事情都要按妈妈说的办,妈妈要他上哪所学校,他就得上哪所学校,妈妈要他做什么事,他就只能做什么事。小杰想到连自己的未来都不能把握,委屈和愤怒使他动了弃学的念头。

专家解析

谈到孩子,大多数爸爸妈妈都认为自己的孩子任性。但是与孩子们聊这个话题,却常常得到相反的回答,孩子们认为爸爸妈妈才任性呢。那么,爸爸妈妈任性都有什么表现呢?

一个孩子说:"我妈妈每天早晨让我喝500毫升牛奶,喝不够500毫升,妈妈就生气。我要不想喝牛奶,想吃点儿粥,妈妈更是不允许,说这个没营养,那个不能补钙。妈妈还为此经常跟我生气,说我不懂事,太任性,不知道妈妈都是为了我好。"

诚然,父母一向都希望孩子按照他们的想法去做,不允许有一点儿反抗,恰恰是这样,才更显得父母是任性的。

有的孩子在选择兴趣班时,没有按爸妈的意见报作文班、奥数班、英语班,却报了美术班或是陶艺班时,爸爸妈妈便会不同意,尽可能想说服孩子。因为在父母的眼中,数学、英语才最重要,这些科目成绩好了将来考试不吃亏。这样,孩子也没有兴趣报什么兴趣班了,还是按照爸爸妈妈的意思报奥数、英语这类父母认为有用的班。

很多父母不相信孩子的选择,尤其在分科问题和报考专业问题上面,更是不能容许孩子选择没有"前途"的职业。中国的父母对孩子的期望值远远高于别的国家的父母,中国的父母更加看重学历。相反,外国的父母,比如美国的父母更看重孩子的能力和性格培养。

中国的父母从孩子很小的时候就不惜花重金对孩子进行教育投资,让孩子按父母的意愿学习,不让孩子输在起跑线上;美国的父母则重视培养孩子朴实、坦

率的性格及好奇心。

一些家长带着孩子上街，看到环卫工人、看到商店员工、看到公交司机……但凡只要他们认为这种职业"没出息"，就会拿来当"活教材"，给孩子现身说法：现在不好好读书，将来就只能干这个！

如果孩子希望学音乐专业，学服务行业，父母就会认为孩子没有出息，即使孩子考上了大学但不是名牌大学，也会大失所望。我们的父母是不会愿意孩子长大了做一个服务别人的人，因此遂有了愈演愈烈的"应试情结"：要想上一流的大学，必须先上一流的高中；要想上一流的高中，必须先上一流的初中；要想上一流的初中，必须先上一流的小学；要想上一流的小学，必须先上一流的幼儿园……这一连串的"想"和"必须"，使多少孩子成为"应试教育"的牺牲品！

而不愿意孩子长大了做一个服务者，却又不一定真的不会成为服务者，这就更令人担忧，面对孩子长大当真成了服务者的现实，我们的父母和孩子又该如何面对？

如果中国的孩子说将来要当个清洁工，妈妈一定会大惊失色，说孩子没出息，而美国的妈妈则会以孩子有生活目标而开心。

心海导航

有的时候孩子在看动画片，父母一声"吃饭了"，孩子必须马上过来，不过来就不是好孩子。想想看，到底是谁在任性？我们经常说孩子任性，其实父母有时比孩子还要任性，我让你过来你就得过来。反过来，如果是你自己在看一个最喜欢的电视剧的时候，你会怎么样呢？你一定会调整你吃饭的时间，想出各种办法来，别人让你过来你一定不愿意过来，过来了也一定是很不高兴。所以，我们要和孩子平等交流，合理安排。父母任性，其结果往往是和孩子形成对抗。

林森的妈妈对林森很失望，林森也不喜欢妈妈，对她很仇视，不爱和她讲话，每天都苦着脸对她。妈妈叫她出来吃饭，她也不吭声，坐下就吃。

且看看为什么会这样吧：妈妈平时总是盯着林森的一举一动，林森把书包放在腿上，妈妈说书包太脏，怎么能放在腿上呢?林森靠在桌角上，妈妈说，你这孩子总是站没站相、坐没坐相。林森对客人讲话时，妈妈就会笑着对客人说这孩子和谁讲话都没条理，不知道每天大脑里想些什么。

"烦死了!"林森说。

如果这位母亲不及时调整自己，也许这会成为另外一个悲剧的根源。一位严格的母亲，一位任何事情都要按照她的意愿发展的母亲，要么培养出唯唯诺诺的孩子，要么培养出与父母为敌的逆子。在父母看来，对孩子严格要求有什么错呢?表面看的确如此，但是，也许您的严格正是您任性的表现，正是造成孩子任性的基础。

种瓜得瓜，种豆得豆，建议父母在教育孩子的过程中首先要克制自己的任性。当你要责备孩子的任性时，是否可以先检查一下自己的行为，看看自己是否太任性?也许你的工作压力很大，也许你经常被烦恼包围着，也许你有太多的愿望需要孩子帮你实现，但孩子有自己的生活道路，如果你一定要把孩子变成自己的影子，培养出一个和你一样任性的孩子只是时间问题。

在孩子小的时候，父母的任性可以逼迫孩子去做一些事，孩子也会顺从父母的意志。但当孩子长大一些以后，父母的任性往往会培养出更加任性的孩子，他们会叛逆，会反抗，会追求自己的尊严，甚至做出一些极端的举动来。

父母任性对孩子的人格特征将产生不良的影响，任性的父母，不仅教育出任性的孩子，而且还会对孩子的其他人格特征产生不良影响。例如，在父母不分青红皂白、忽略孩子个性的过分管制下，有的孩子变得软弱，有的孩子变得缺乏责任心，还有的孩子变得依赖性强、推卸过失，等等。这些性格特征都有可能成为一个人的人格缺陷，并最终影响孩子的健康成长。

父母必读

※ 不要忽略孩子的个性特征和能力，一味地把自己的意志强加在孩子头上。不要按照自己的意愿去约束孩子的行为。

※ 多和孩子沟通,了解孩子心里在想些什么,不要逼迫孩子按自己设定的道路走。

※ 多关注孩子的感受,多体谅孩子,遇事多听听孩子的见解,或者在某些时候不妨向孩子妥协。

细节 45

不要过分重视孩子的分数

身边故事

成智刚回到家里,妈妈从厨房里走出来伸出手:"妈妈看看,考了多少分。"

成智垂头丧气地把成绩单拿给妈妈,妈妈接过来一看,眼睛瞪得圆圆的:"什么,你语文才考了 83 分?比上次少 5 分,数学也比上次少 1 分,你干什么去了?一点儿也不用心。"

"妈妈,"成智怯怯地打断她,"老师表扬我了,说我是个好班长,助人为乐,关心集体……"

妈妈不耐烦地打断她:"得了,老师表扬有什么用,成绩好了才是硬道理,要是考不上重点中学,老师能给你保送啊?"

专家解析

家长关心孩子的学习分数是无可厚非的。但并非每一位家长都能使自己的关心变为孩子学习的动力。调查表明,目前社会上家长对学习分数的态度以及由此引起的某些行为,确有不科学的现象存在。这些现象的存在直接影响了孩子的学习。如果对孩子的学习分数采取理智的科学的态度,则会对孩子的学习产生巨大的推动力。

家长以分数高低为判断学习优劣的唯一标准,看到孩子考试分数比前次考试高了,就喜上眉梢,认为孩子学习下功夫了,成绩进步了,进一步推论孩子懂事了,在学校各方面表现肯定优秀。于是乎各种奖励接踵而来,更有甚者,放松对孩子的要求,对孩子的缺点也睁一只眼,闭一只眼。反之,若分数下降了,就认为孩子"不争气"、"没出息",枉费了老师、家长的一片苦心,进而推论出孩子"太笨"、"没有希望",甚至认为孩子分数既然不高,那么在道德品质、行为习惯方面肯定表现不好。因此在批评帮助时容易失去耐心,甚至恶语相讥,拳脚相加,伤害孩子的自尊心与自信心。

有部分家长将孩子的考试分数作为在同事、亲戚、朋友面前"露脸"、"争面子"的重要内容。若孩子得了高分,就感到光彩,有面子,很自豪。若分数不如人,则觉得脸上无光,认为自己的孩子没有教育好,出门矮人半截。

这样的家长,使孩子以获取高分为学习的唯一目的,忽视思想品质、性格修养、身体素质、责任心培养等诸方面的全面发展,忽视孩子的个性差异和能力差异的客观存在,无疑会形成对孩子学习的负面压力,导致有的孩子在获取高分无望的情况下,采取作弊、涂改分数等不正当行为欺骗家长。这样不但不能促进学习,反而影响孩子思想品质的健康发展。这样的孩子,责任感如何健全?

心海导航

家长过分重视分数,因分数的下降而否认孩子学习的进步,会使孩子失去学习兴趣。而仅依据某次分数的表面分析来指导孩子学习时间与精力的分配,无疑会使孩子忽视真正的困难,得不到真正的帮助,使问题长期得不到解决。久而久之,等到问题暴露时,很可能良机已失,悔之晚矣。

家长科学地分析分数,并能对孩子学习分数的高低形成正确的认识,对孩子的学习有很大的帮助。明智的家长在孩子考试成功时提醒他不要骄傲,不要轻

浮,要脚踏实地,一步一个脚印去迎接更艰巨的挑战;而在孩子考试失利时,首先要对孩子予以他最渴望得到的安慰和鼓励,然后帮助他分析失利的原因,树立不怕困难、迎头赶上的勇气。这样,孩子才可能以更优异的成绩来回报关心他、爱护他的父母。

分数不是检测孩子将来是否有出息的唯一手段,父母更应该培养孩子全面发展。现在许多父母很注重孩子的智力培养,送他去英语班、电脑班、图画班等课外学习班,而忽视孩子生活自理能力的培养。只要孩子学习好,什么事情都可以不做,父母将孩子的事全部包办代理,因此,有些已上小学的孩子对日常生活许多力所能及的事都不会干,甚至连最基本的洗澡、刷牙、洗脸、穿衣、梳头等饮食起居都要父母服侍,对于煮饭、炒菜、洗衣服、整理物品、打扫卫生等更不用说了,简直无从着手。

让孩子适当做些家务劳动,通过劳动可以有意识地培养孩子的独立精神、负责精神、处事应付的能力及适应能力,并可训练孩子的注意力、观察力及动脑思考能力。

自理能力要从小培养,孩子有好模仿的特点,可以通过让他做家长的帮手来培养。例如:当你洗衣服的时候,可以让他帮助洗小手帕,逐渐让他学会洗袜子、衣服,当你扫地时让他帮你扫。此外,还可以让孩子帮父母做一些最基本的家务劳动,如淘米、洗菜、收拾床铺、整理房间等。

在培养的过程中,当孩子主动做了力所能及的事情,父母要及时地予以鼓励和赞扬,孩子知道这样做会得到父母的奖励,就会更加努力去做。若孩子做得不好时,要耐心指出、纠正,并让他坚持做下去,以期获得成功的愉悦,使他成为你的好帮手,使他在不知不觉中培养了责任感,健全了他的人格。

◢ 父母必读

※ 家长应充分发挥分数的功能,使分数成为促进孩子学习的催化剂,而不是将高分当成唯一的目的。

※ 认真分析分数的可信度和有效度。分数的可信度和有效度可以简单地理解成分数的真实意义。有许多因素会对分数的真实性产生影响。因此，家长在分析分数时，有必要与孩子一起认真分析此次考试孩子本人，甚至全班、全校考试的分数真实性。只有对分数的真实性有了全面的认识，才能依据"校正"后的分数来分析自己分数的真正意义，并得出正确的结论。

※ 善于从分数的分析中发现孩子的进步，并及时给予恰当的表扬，以充分发挥分数的激励功能。当孩子的学习成绩进步时，家长的肯定与表扬能使孩子体会成功的喜悦，产生强烈的学习动力。当孩子的学习成绩后退时，更需要家长的鼓励与帮助。那种否定孩子的可塑性，一棍子打死的做法，只会扑灭孩子的希望之火，使其自暴自弃。

※ 不要把分数当成检验孩子的唯一标准，孩子全面发展才真正有助于以后走入社会，并能在社会中取得一定成绩。学习上的尖子生未必是优秀的人才。

细节46

告诉孩子做事要量力而行

身边故事

白羽洁回到家里，书包还没有放下来，就兴致勃勃地说："爸爸，爸爸，我们班举办节目，还差两套小公主服，我对老师说我家有。"

"白羽洁，家里哪里有？"

白羽洁撅起嘴："爸爸，我都答应老师了，你要帮我弄到。"

看着白羽洁的样子，爸爸摇摇头说道："好了，好了，爸爸明天去买！"

专家解析

童童今年上小学二年级，是个特别热情的孩子，班级搞什么活动，他总能帮老师干这干那。有一次，学校组织大家去春游，需要借车，童童第一个举起了手。童童的父亲一向支持孩子为班集体服务，对童童揽下的活，他托亲戚解决了问题。又过了几天，童童他们班要出板报，老师问谁有合适的图片，可以拿出来展览，童童又把手举得高高的，还不停地说："我有，我有。"回到了家，童童学着老师的样子把任务又交给了爸爸，还说明天就要。这下爸爸可有点犯愁了，家里没有合适的资料，但如果完不成任务，既怕伤了孩子，又怕给老师造成麻烦。所以，晚上他顶着大风，骑着自行车跑到单位，翻出各种报纸，又剪又贴，忙乎了两个小时，总算交了差。

可能很多家长都有过类似的经验，因此，对待孩子揽下的活儿一定要小心谨慎。有的孩子确实是希望为班集体服务，这样的想法首先是值得肯定的。但要尽量让孩子参与到他揽的活儿当中来，尤其是他能独立做的，就让他自己做。比如张帆，他揽下了出科技小报的任务，本想让搞美术工作的妈妈帮他完成，但他妈妈说："既然是你答应下来的，你就应该自己干，妈妈不管。"没办法，张帆静下心来，思考构图，翻箱倒柜找资料，忙了一个晚上，竟完成了一份相当不错的科技小报。张帆笑了，妈妈也笑了。在老师的表扬与同学们的称赞声中，张帆感受到了经过努力获得成功与为集体出力的双重喜悦。

可能有些父母怕孩子揽下的活儿如果完不成会给班集体造成影响，同时也怕老师对孩子有看法。其实，老师都是通情达理的，只要及时沟通，是不会对孩子有成见的。

如果您家里也有爱揽活儿的孩子，说明他至少是一个热情的孩子，但也要让他知道，什么是量力而行。

心海导航

我们应该培养孩子的责任感，鼓舞他们的干劲，增强他们的自信心，不过，也应使他们莫忘记了自身的局限！

孩子勇于尝试新事物是好事，但是如果他总是不切实际地估计自己的能力，则可能变成不知深浅、好高骛远、莽撞逞能了。

所以，父母须经常提醒孩子：跨越太宽的沟会掉进去，从太高的地方无保护地跳下来会摔痛摔伤，牛皮吹大了总会不攻自破让大家笑话，没能力没精力完成的事情应承下来是多么自讨苦吃！所以，就像花钱得量入为出一样，做事也得量力而行。

在日常生活中，我们总提倡助人为乐，但有些时候、有些事情、有些忙，你实在帮不上——所谓"爱莫能助"。但我们总不好意思说"不"，怕让人觉着自己不仗义，怕驳了朋友的面子，伤了和气，可答应下来又实在勉为其难，而且结果可能更糟——人家对你寄予希望却又落空，会感到更失望、伤心，甚至怨恨，而你也可能误了别人的大事，真是吃力不讨好，甚至帮人不成反害人。

其实，不懂拒绝是不知道自己的局限。

如果你是这样的父母，那么"懂得拒绝"是你自身首先需要补上的功课。请先从自己开始，为孩子做个好榜样吧。

同时，请告诉孩子，没有哪个人是无所不能的，有同情心是好的，急别人所急、想别人所想，替朋友出谋划策都很好，但如果觉得自己无能为力，那就应该坦率地告诉对方，或一起向大人求助。当然，即便力所能及，还应该让孩子正确地理解友谊和义气，分辨是非好坏，和伙伴一起恶作剧的事情不帮也罢。

心海导航

※ 许多喜欢揽活儿的孩子，是因为背后有热情而能干的父母。父母对孩子的要求有求必应，时间长了，孩子就会把结果留给自己，把过程扔给家长。

※ 孩子如果常揽不是自己能力范围内的事，父母可以开诚布公地告诉孩子，你帮集体做事是很正确的，但你想没想过，你答应的事应该谁来做呢？是爸爸妈妈，还是自己努力去完成？让责任感在孩子心中萌芽。

※ 坦率地对孩子讲,父母不是万能的,有些事情我们做不了,并且告诉孩子今后遇到这样的事情,先想一想有没有能力完成。

细节 47

善于发现孩子身上的"闪光点",
不要总盯着他的"黑点"

身边故事

一天,老师走进教室,先拿出一张白纸,中间有一个黑点。老师问:"同学们看见了什么?"全班同学盯住白纸,齐声喊道:"一个黑点。"老师沮丧地说:"这么大的白纸看不见,只盯住一个黑点。眼光集中在黑点上,黑点会越来越大,最后整个世界就变黑了。"整个教室寂静无声。在沉默中老师又拿出一张黑纸,中间有一个白点。老师又问:"同学们看见了什么?"全班同学开窍了,说:"一个白点。"老师欣慰地笑了:"太好了,无限美好的未来在等着你们。"

专家解析

生活中,如果父母总是盯着孩子的缺点和错误不放,如同只看到小黑点而看不到大张的白纸。我们主张换个角度来看孩子,多注意孩子身上的"白点",你就会发现孩子身上有很多优点。此时,你自然就会有一个新的发现:父母有时是要向孩子学习的。

如果父母只盯着孩子身上的"黑点",对孩子严格要求,甚至粗暴对待,孩子在这样的环境中,会变得胆怯而懦弱。一个懦弱的孩子,如何敢承担责任,认识

到自己的不足呢?

有这样一个故事:从前,有位渔夫出海打鱼,从海里捞到一颗大珍珠。这颗珍珠晶莹圆润,渔夫爱不释手。但美中不足的是,珍珠上面有一个小黑点。渔夫心想,如果能把小黑点去掉,珍珠就完美无瑕了,必成为无价之宝。于是,他耐心地刮着黑点。可是去掉一层,黑点依然存在;再去掉一层,黑点还是存在;再去掉一层……最后终于去掉了,不过,令人惋惜的是,这颗大珍珠也已不复存在了。

其实,我们每天所面对的每一个孩子,天真烂漫的他们不就是一颗颗大的珍珠吗?在他们身上,或多或少地存在着这样那样的"黑点",不时会犯各种错误。作为家长,都期望自己的孩子能达到那种"白璧无瑕"的完美境界。孩子一旦因为平时学习或生活中的"黑点"而受到粗暴的对待,其心灵上的创伤会很难愈合,而这些刻骨铭心的记忆也往往会相伴终生。

孩子是我们的未来,是大家的希望。试问:这样的环境,能让他们健康、快乐地成长吗?家长们,我们为何不能多一些尊重和宽容,善待孩子的"黑点",并加以引导呢?

有的孩子很懒散,不管家长怎么要求,对学习就是不上心,对任何事都无所谓,没有上进心,没有责任感。作为家长,如果恨铁不成钢地一顿打骂,未必能起到什么效果。如果能用爱心去温暖孩子,细心地解读孩子,帮助孩子树立战胜困难的信心,帮助孩子认识到责任,孩子的这种现状一定可以很快改善。

孩子们的心灵是最纯净的,也是最脆弱最容易受到伤害的。不要以为家长是与孩子最亲近的人,不会影响孩子的成长。有这种想法的家长是片面的,孩子纯净的心灵需要家长去细心呵护,有时家长不当的教育带给孩子的伤害比外来的伤害更严重。

心海导航

孩子也害怕失去尊严。对待孩子,没有比保护他的自尊更重要的事了。家长不应单纯地认为孩子不懂事而任意批评指责,而应尊重他们,多采用肯定、鼓

励、表扬的方式,使他们的自尊心得到健康发展。如果孩子有了缺点,要耐心帮助他们分析原因,鼓励他们克服纠正。只有这样才能激发孩子成材的自觉性、积极性,进而使他们不断克服缺点,建立责任心,逐渐完善自我。

一个人最宝贵的是尊严。当你不能确定孩子是否犯下错误时,请保持冷静,千万不要冤枉孩子;而当你已经有证据确认孩子犯了错误时,请给孩子留点儿面子,尤其不要当着别人批评孩子。

家长要适时赞扬孩子,孩子需要大人的赏识和赞扬。没有赞扬就没有教育。大人赞赏的眼光,能使孩子创造出奇迹。心理学家曾经说过:"人类本质中最殷切的要求是渴望被赏识。"赏识主要是肯定一个人的具体表现。作为社会中的人,无论是朋友之间,同事之间,上下级之间,夫妻之间等,彼此都渴望着受人赏识。尤其是身心正处于生长发育中的孩子,他们更加渴望被赏识。可以说,促使人将自身能力发展至极限的最好方法,就是赏识。换句话说,赏识是提高孩子自信心的催生物,是开启孩子心灵的钥匙。

因此,作为家长,切记要时时审视自己的言行,要善于发现孩子身上的"闪光点",从"闪光点"入手,呵护他们敏感而脆弱的心灵,激发孩子的进取心,从而使孩子品尝到成功的喜悦。多给孩子掌声和喝彩,让孩子抬起头来走路。

如果一朵花不美,就请欣赏它的叶子;如果叶子不美,就请赞美它的枝干;如果枝干不美,就请赞美它的根基;如果根基也不能使你产生赞美的冲动,那么你总该为它是一株蓬勃的生命而讴歌。

家庭教育是一个艰辛、漫长、复杂的过程。家长千万不要视孩子为完美无瑕的"珍珠",更不要充当那个糊涂的"渔夫",要善待孩子身上所谓的"黑点",让孩子在理解、关爱的教育下,健康、快乐地成长。

▼ 父母必读

※ 孩子顽皮是很正常的,你一定也不希望孩子过早地成熟,像个成年人一样彬彬有礼。孩子会犯错,虽然有些错误让家长难以置信并震惊。像大多数的父

母一样,我们都希望自己的管教可以使孩子下次再做同样的事情时,会觉得这样做不对,因而不再去做。甚至更奢望,他因为知道拽人家的头发是不对的而乖乖听话,而并不是因为他心里惧怕再惹妈妈发怒而不去做。但大多数时候,今天我们制止了他的不好行为,却并不能阻止明天他做出更坏的举动。

※ 失控的怒火会影响你管教孩子努力的成果。如果你管孩子时总是大喊大叫,孩子终究学不到什么。相反,一旦他习惯了你的这种方式之后,会将你的话当作耳边风,慢慢就会变成,你的批评或表扬他都听不进去了。

※ 对许多父母来讲,控制自己不去批评孩子是很难的,因此,说话之前请三思,你运用的语气和措辞的不同,效果差别会很大。比如:我爱你,但是你的行为我不能接受。这种话初听会觉得很硬,但过会儿,孩子就很自然地明白你的意思了。

※ 暗示你相信你的孩子,他有能力做得更好。最终,也就促进了孩子做出更好的行为。自尊来源于正确的行为。孩子的潜意识里会这样想:如果我做了正确的事,我会自我感觉很好。如果通过做这种正确的事我就能得到很好的感觉的话,下次我还想再这样做。

※ 告诉孩子他犯下的错误的后果,让孩子明白并不是父母在危言耸听。孩子明白后果后,会对自己的行为进行反省,这样,孩子会逐渐建立起责任感,不会再犯同样的错误。

细节48

运用表扬和鼓励的方法培养孩子的责任感

身边故事

美国有一位著名的儿童脑神经外科专家,自幼患了一种学习障碍症,小学三年级以前,数学老师从未在他的作业本上打过对号。看到满本的错号,他的头胀得很大,可无论他怎样努力,还是做不对。四年级换了一位数学老师,从此改变了他的命运。新老师拿起他的作业本,亲切地说:"你太大意了,咱们再写一遍。"第二遍还是没对,可老师却在本子上打了几个对号。他激动得几个晚上睡不着觉,这对他来说太重要了。后来在老师的帮助下,他竟迷上了数学。

专家解析

培养孩子的责任感,如果一味说教,也许不但达不到预期的效果,反让孩子产生反感。不妨运用表扬和鼓励的方法,在完善孩子责任感的同时完善孩子的人格。

要想运用表扬的方式,先得知道孩子的优点。

"如果你能说出孩子10个优点,你是个优秀的家长;如果你能说出孩子5个优点,你是个合格的家长;如果你连孩子一个优点都说不出来,那你该是个'下岗'的家长!"国家一级作家、著名儿童文学作家陈庆祥主讲《家庭阅读与孩子成长》讲座时这样说。

陈庆祥先生首先提出等级家长的概念,他说:"通常有三等家长:一等家长用眼睛管教孩子；二等家长用嘴巴管教孩子；三等家长用拳头管教孩子。你们应该争取做一个一等，至少是二等的家长，千万不要做三等家长。""作为家长，你还有义务去'发现'自己孩子的优点！"陈庆祥向所有家长发出这样的"通告"。

在教大家该如何做个好家长之后，陈庆祥又举了一些反面教材，以此说明：如果孩子出了问题，很可能根源是在家长身上。"比如一个妈妈煲了鸡汤给儿子喝，他不喝，妈妈就想出了'喝一口奖一元钱'的办法，结果小朋友喝了汤也赚了钱。但是他会以为鸡汤是为了大人才喝的，根本不知道'感恩'为何物。"陈庆祥感慨地说，现在很多人都说独生子女自私，其实家长也应该反省一下，自己是否也负有不可推卸的责任。

教育是一门艺术，应该求善求美。对于一个从未独立完成过作业的孩子，家长最好让他先做几道容易的习题，使他能够轻而易举地完成，再调整作业的难度。反之，如果期望过高，孩子会因达不到要求而苦恼，家长也会因孩子裹足不前而失望。

作为父母，不但要关心孩子，而且要理解孩子，帮助孩子战胜生活中的挫折，才能使他不断进步，走向成熟。

心海导航

张笑宇从中国科技大学生物系毕业后，获全额奖学金去美国攻读博士学位。张笑宇的父母教育孩子，就注重表扬与启发。

张笑宇出生时，一家三代五口人挤在一间 10 平方米的斗室里。爸爸十分爱看书，一拿书在手就入迷。

笑宇对爸爸看的书好奇极了，经常伸手往书上一戳："爸，这是什么字？"爸爸也总是不厌其烦地告诉他，这样竟然使笑宇在无意中认了不少字。

笑宇从小就会关心人，那时笑宇穿的是姐姐的旧衣旧裤，吃的是窝窝头、土豆炖白菜。一天傍晚，爸爸用一张肉票买了一斤熟猪头肉。姐弟俩见有肉吃了，高兴得在炕上又蹦又跳，姐姐一失手，弟弟被推到地下，后脑勺上碰了个

包,气得爸爸罚她不许吃饭。可刚摆好桌子,笑宇见姐姐缩在炕角流泪,怯生生地对爸爸说:"爸,姐姐犯错误啦,别让她和我们一起吃,夹点肉,让她一个人在窗台上吃。"

爸爸便顺水推舟地对女儿说:"还不快过来,弟弟多心疼你!"孩子受到夸奖,更加关心人了。这年秋天,笑宇爸爸去北京出差,临行前对笑宇说:"儿子,你要啥?爸从北京给你买回来。"笑宇那时才4岁,竟摇摇头说:"爸,你太瘦了,多吃点好的,我什么都不要。"

孩童的心纯似一张纸,就看父母如何来施彩,如何抓住时机自幼培养孩子的爱心。孩子能体贴父母,体谅他人,做父母的也就省心。父母对他的希望和要求,他是会自觉而努力地去实现的。

回忆笑宇的成长过程,笑宇爸爸说,我从来就没有说过"你没出息",我总是说,"儿子,你将来一定会比爸强"。越是说他将来一定会比我强,他就越奋发向上而不骄不躁。

笑宇的班主任陶老师在笑宇一至四年级时,既教他们语文,又教他们算术,而尤以语文教得有方。爸爸对笑宇说:"儿子,你本来就有文学才能,又有陶老师这么好的老师教你,你将来搞文学,一定会比爸强。"于是,笑宇迷上了语文。五年级和六年级时,因语文课换了老师,学校给学生减负不准给学生留作业,还派了督导们到附小等重点学校坐镇。虽然语文作业是绝迹了,可数学作业仍一道题接一道题。原来,数学教师范老师每讲一节课,便留几道"思考题",学生可以做,也可以不做;谁全做了,而且都对,便再给几道题以示奖励,叫做"奖励卷"。笑宇孜孜以求并津津乐道做的便是那"奖励卷"。爸爸又对笑宇说:"儿子,你本来就有数学才能,又有范老师这么好的老师教你,你将来搞数学,一定会取得成就。"于是,笑宇又迷上了数学。

笑宇考入附中时,分数刚够录取线,爸爸仍然没有责备,而是笑着说:"儿子,你真行,一分也没浪费。"然后又笑着说:"儿子,爸当年考入上海中学,成绩也是如此,这就叫有其父必有其子。后来考进北大,靠的是别人每天学习8小时而我

每天学习 10 小时。你的潜力大着呢,将来超过爸不成问题。"笑宇果然更勤奋好学了,成绩也直线上升,高三时成了全年级的尖子生之一。高考的作文虽只得了个及格分,可还是以 609 分的总成绩考入了中国科技大学生物系。

笑宇进入中国科技大学生物系不久,爸爸知道他的成绩并不理想,又鼓励他:"儿子,你爸爸成为全年级公认的高材生之一,不是在高中时,也不是在进入大学初期,是慢慢显出来的,靠的是一股水滴石穿式的韧劲。别人下八分功夫,你下十分功夫,一个脚印一个脚印往前走,会后来居上的。"于是笑宇一年读下来,已跃居全年级第三。两年读下来,竟名列全年级第一,成为年级里唯一的一等奖学金获得者。

进取心是人之事业心的内驱力。孩子有了进取心,在学习上父母也就不用为他多操心,鼓励则是培养孩子进取心的最佳方法。

父母必读

※ 管教的正确含义是教。如果你只是通过惩罚来管教孩子的话,你会失去大量的给予孩子正确引导的机会。

※ 当孩子收拾好玩具时,你通过奖励他一块点心这种具体的方式表扬他,让他知道你希望他怎样做。这虽然是件小事,但是这样做,效果会很好。

※ 当孩子把一件事做得很棒时,多给些鼓励和赞许,这会激励孩子下次做得更出色。

※ 如果有其他人对孩子的负责行为大加赞赏,建议父母应将这些表扬转达给孩子们,这会让他们感到骄傲,并且这些表扬会比父母对他们的赞许在他们的脑海里留下的印象更深刻。

细节49

多从孩子的角度考虑和解决问题

身边故事

雪雪和妈妈一起去超市,雪雪看见果汁包装十分漂亮,于是叫道:"妈妈,我要喝果汁。"

妈妈看了雪雪一眼,说道:"不行,果汁没有营养,乖雪雪,喝牛奶好不好?"

雪雪摇头:"不嘛,不嘛,妈妈,我要喝果汁。"

妈妈不理会雪雪的要求,拿了牛奶放进购物篮里。

专家解析

我国的孩子就像温室里的花朵,从小在父母的过度保护下生活,处处有父母的照看,事事按父母的主意去做,长大后的处事往往优柔寡断,缺乏勇敢面对困难的精神和处理实际情况的能力;遇到一点点挫折就想依赖别人,请求别人帮忙,甚至有的用哭来发泄和解决问题。而国外儿童教育十分强调尊重孩子的选择,认为大人包揽孩子的一切,就是剥夺了孩子自身的权利,大人和孩子处于平等地位,如果不尊重孩子的选择,会抑制孩子的独立行为,容易使孩子的个性受到压抑,身心不能得到全面和健康的发展。

有关教育的话题,我们一直都觉得西方国家的孩子很独立,很有责任感,对父母的依赖性不强,可能许多家长也时常在考虑为什么西方的孩子会和中国的孩子有这么大的差异。可以说父母在这 10 多年的家庭教育中起着决定性的作用。

在家长眼里,孩子就是孩子,对孩子的定义就是需要家长管着的幼儿,一般来说,孩子懂的事情肯定没有家长多,于是家长常用命令的语气要求孩子做什么或不能做什么。很多家长很少考虑到孩子的尊严,也就是说没有把孩子完全当人看待。他们认为孩子身体没有发育成熟,也就不必尊重他们的感情和愿望。然而这样做往往会伤了孩子脆弱的感情。而且这样做的后果很可能会使孩子养成一种叛逆的心理,或者学着父母那严厉的样子。如果其他人没有按照他的要求做事,他也很可能对他们很严厉。相反地,如果父母一开始就尊重孩子,一点也不使用难听的言语,那么父母稍微批评一下,孩子就会意识到自己的过错,对自己不好的行为加以克制。这样做的效果反而更好。

与尊重孩子相比,理解孩子就更加难了。家长应多想想孩子的处境,多从他们的角度考虑和解决问题。还有一点,比从孩子的角度考虑问题更难,也很少有人做得很好,就是不同年龄阶段的孩子有不同的特点,家长应该了解不同年龄阶段孩子的生理、心理特征,只有这样,才能使家长对孩子的理解更深刻和有针对性。

心海导航

王锐由于缺乏学习兴趣,成绩一直提不上来,所以成绩一直是倒数几名。可新的学期开始后,才短短几个月,王锐的学习成绩却从班上的倒数几名跃升到第 10 名,尤其是物理成绩,从倒数第一猛升到第一。

原来,王锐有一阵儿特别迷网络游戏,对此,妈妈打也打了,骂也骂了,可王锐就是无动于衷。妈妈都感到"心灰意冷"了。

妈妈无计可施,找了一个心理医生进行咨询。医生问:"你尊重孩子吗?你了解过孩子的内心吗?他是否因为感受不到学习的乐趣而迷恋上网?"心理医生的话使妈妈猛然惊觉,一直以来,妈妈只是一个劲地督促王锐的学习,却很少留意儿子对学习的感受,也很少尊重王锐。

这天放学后,妈妈一改平时凶巴巴的样子,关切地问他:"孩子,你学习累不

累?"王锐见妈妈这么问他,诧异地看了妈妈一眼,应了句:"累死了,真不想学了。""妈妈在工作上也有很多烦心事呢,你帮我拿主意好吗?"这时,妈妈就像对知己一般,向儿子说出了工作上的烦恼。

想不到,在妈妈眼中还是孩子的王锐,分析起问题来还是一套一套的,使妈妈第一次由衷地称赞了王锐一句:"你比妈妈强多了!"没想到,不经意的一声赞扬就此打开了王锐的话匣子。从此,王锐再也不那么痴情于网络了,有了什么烦恼就直接和爸妈说,学习成绩也突飞猛进。

可见,尊重孩子,与孩子进行平等的交流,其作用有多么的巨大。生活中,由于许多父母成天忙碌于工作,与孩子相处的时间越来越少,缺少沟通与交流,矛盾也就出现了。从而导致了孩子真正需要的,父母无暇顾及,孩子内心的苦恼,父母也无从了解。

所以,作为父母,我们不应该只做居高临下的训导,而应该将自己和孩子放在同等的位置上,尊重孩子,与他们交流而不是训导。如果家长以平等的、像与朋友谈话的口气,来与孩子交谈,而不是对他们训话,我相信所有的孩子都会接受父母对他的教育。

到底要如何尊重孩子,做父母的也要想得细一点,父母要做生活中的"有心人",细心观察、了解孩子的喜怒哀乐、性情喜好。遇到事情,先考虑一下孩子的意见,多问几个"你怎么认为?"或"你同意吗?"与孩子一起讨论商量,共同制订计划并照着做。

尊重和理解是沟通的前提,孩子随着年龄的增长,处处争强好胜,最怕别人看低自己,他们需要被尊重、被承认。

父母必读

※ 家长的责任就是培养孩子良好的品德、习惯、人格和能力,家长要懂得尊重孩子的兴趣和爱好,因势利导、因材施教。

※ 要尽量在早期着手培养孩子的好习惯、好品行、好个性,要注意在细小的

生活琐事中,纠正孩子的种种坏毛病,坚持对孩子有原则的爱。

※ 对孩子过分的放任、迁就、溺爱,将会使孩子做事没有界限和责任感。说"不"是家长的一种责任,爱要及时,要及时关心、及时帮助、及时批评、及时纠正坏毛病,让孩子认为家长是有原则、讲道理、雷厉风行、言而有信、奖惩分明的。

※ 父母要和孩子一起进步,父母不进取,孩子怎能上进?在摆正学与玩的关系上,与其"堵",不如合理地疏导,和孩子好好地谈谈,掌握他们的想法。

细节50

不要让孩子成为家长意愿的牺牲品

身边故事

江江的父亲对他的教育十分严格,每天早上5点就得起床,跟父亲读两个小时的外语,然后才是跟其他孩子一样,背起书包开始一天的学校生活。放学回家后再学习两小时的书法。

父亲又培养小江江的业余爱好——小提琴。

江江并不喜欢小提琴,因为这根本不是江江的爱好,而是父亲自己的爱好,和很多家长一样,爸爸把自己的爱好与梦想强加给江江,夺走了江江童年的欢乐。于是从小学三年级的暑假开始,江江的生活中多了一项重要的内容——练琴,教师就是爸爸。暑假,江江每天要练8小时的琴,开学后也是同样,挤掉了他几乎全部的课余时间。

平时,爸爸不让他做任何事,只让他专心练那些"业余爱好"。江江说:"我宁愿爸爸让我做家务,收拾房间、扫地,也不想练小提琴了。"

专家解析

　　"望子成龙,望女成凤"是所有父母对孩子的期望,这样的心理使如今许多父母在孩子很小的时候就给孩子报名参加各种各样的兴趣班、补习班,弹琴、跳舞、画画、英文……一个都不能少,生怕自己的孩子比别人的孩子落后了,他们没有更多地考虑到孩子的兴趣爱好和能力,而是一味地将自己未圆的梦或一家人的期望全盘托付到孩子身上,希望孩子能按自己心中规划的理想蓝图发展。而这样做的最终结果,往往与父母一相情愿的预料相反,有时有些不切实际的过高期望反而给孩子造成了许多压力,出现许多心理问题。其实对于孩子的未来,应让孩子自己构筑,父母充当从旁指导的角色也就足够了。

　　父母将自己殷切的期待和深切的感情倾注在下一代身上。这时,父母培养孩子的有意识或无意识的行为预期,或多或少都带有在下一代身上重塑自我的色彩。他们只注重培养孩子的各种技能,却不给孩子学会承担责任的机会。

　　由于望子成龙心切,父母习惯于应用成人化方式教育孩子,以高于实际年龄的档次要求来衡量少儿是否成材。这种严重违背少儿身、心、智、品诸方面发展规律的教育,在教育内容方面远远超出了少儿的承受能力,因而,孩子在这样的环境中,只会成为父母的影子,没有自己的个性。不要说独立精神,连基本的责任感也无法具备。

　　科学的少儿教育应该是对包括智力开发、创造力开发、非智力因素培养和道德品质等内在素质的全面开发,更应该是建立在少儿正常的身心发育基础之上的合理开发。

　　其实,在孩子的早期家庭教育中,主要目的不是传授知识,而是对观察力、记忆力、思维力、专注力、语言能力、动手能力等内在智力的全面开发以及性格的培养,从根本上改善孩子大脑的性能,为孩子日后的发展打下一个更为良好的基础,开辟一个尽可能广阔的空间。

心海导航

中国的少儿教育忽视生理、心理和人品开发的问题十分严重。对于这种状况，一位关注中国教育的学者曾一针见血地指出：在当前的社会现实中出现了这种十分奇特的现象：我们制造了许多智力发达，少年老成的"小大人"时，却不得不花大量精力对在校大学生和成人进行起码的基础文明教育，包括进行"便后冲洗"，"人走关灯"，"洗完手关水龙头"这样的基本的责任感的修身教育，出现了有违教育规律的不正常现象。

子女因为父母的殷切期望和过高的投入，成长受到极大的压制，使性格扭曲，不能承受一点外界的挫折，不能承担一点责任，也成为这一时期家庭教育的一大缺陷。

据调查研究显示：在某大城市，有 42.8% 的孩子对现有家庭教育方式表示反感，难以感到快乐；有 27% 的孩子将"家长不能理解我"列为主要烦恼之一。其中包括：31.5% 的孩子觉得"家长只知道关心我学了什么、成绩如何"；26.6% 的孩子认为"我想做的事情爸爸妈妈总不让我做"；19% 的孩子认为"我不愿学爸爸妈妈为我安排的学习内容，如钢琴、计算机、舞蹈等"。由此看出，父母为孩子安排人生时，往往根据自己的好恶来决定，根本不管孩子是否喜欢，是否感兴趣，是否有能力，他们很少会问孩子喜欢什么、爱好什么、有什么打算。

如今的孩子，从小生活在众人的关爱之中，不免养成了一种被动的习惯，习惯于等待外来的指令，而真正源于内心的需求与动机则显得相当缺乏，从而导致主动性与创造性水平低下。孩子在被动的情况下按照父母的意愿做这些事情，让孩子绝对服从的教育方式只能培养出唯命是从、毫无主见、不敢负责的人。

父母的教育态度和行为对孩子责任感的形成具有重要作用。对孩子采取民主的态度，鼓励孩子独立思考，允许他们表达自己的观点和看法，有利于孩子提高责任感。

父母必读

※ 为人父母者,应把对孩子的期望转化为对孩子的赞赏、鼓励、支持,让孩子在父母适度的期望中找到向前迈进的动力,按照自己的能力、爱好和兴趣发展,实现自己的梦想。过于干涉孩子的父母,在不同程度上阻碍了孩子的自主发展,使孩子在成长的过程中连基本的品质都无法具备。

※ 今天的社会对人才素质提出愈来愈高的要求。如何使孩子学会学习、学会关心、学会合作、学会负责,培养他们的健全人格、创新意识和创新精神,已成为教育界的主流意识。在强迫孩子把大量业余时间用来培养技能的同时,不妨也抽些时间让孩子体会一下责任的重要性。

※ 教会孩子爱和责任,比教会孩子一身的技能更重要。

细节51

对孩子的批评要合理、公正、适度

身边故事

钊钊上小学四年级,被社会上不良青年引诱,在暑假期间和同学偷过商店的东西,爸爸得知后,十分生气,但他并没有冲动地去打骂钊钊,而是和妈妈商量怎样让钊钊认识到自己的错误并彻底改正。

3天后的一个中午,爸爸提前下班,钊钊也放学回家了。爸爸把刚收到的一份《法制报》递给他,上面登有一段关于"少年犯"的文章。等他看罢,爸爸趁热打铁,从一条小虫毁了一条大船谈起,谈到盗窃者的心理,今天偷1元,明天想偷

10元，日后就会犯更大的错误……

钊钊本以为爸爸会狠狠打骂他的，但听到爸爸耐心的开导后，他体会到爸爸的苦心，把偷到的东西交还给派出所。从此钊钊认真学习，到了期末还拿回家一张奖状。

专家解析

孩子有过错，理应批评，但其人格应受到尊重。有的父母误认为当着他人的面数落一下孩子，会增强"激发"效果，殊不知，这样做最大的弊病是伤害了孩子的自尊心。有些家长批评起孩子，张口闭口总是否定性语言"你真没出息"、"你真不争气"、"你真不要脸"，等等，有的极尽挖苦讽刺之能事。如此责骂不休，真不知究竟是要把孩子往正道上引，还是要往邪路上推。

家长不要忘记，孩子也有他自己的情感和人格。批评并非是横眉立目、训斥、挖苦，它是以理服人，而不是以威压人。有些家长批评孩子像以前的警察审问犯人一样，气氛过分紧张，甚至连吼带叫"当初我就不该生你！""闭嘴！你这个小混蛋！"同时，伴随着圆睁的双目和尖厉的叫喊，这些表情、动作构成一个强烈的刺激，使孩子对这些话终身难忘。他们可能会因此认为：原来爸爸妈妈是这样看待我的。他怎么还能接受你们的批评教育呢？

如果只是一味地责骂，只能是伤害孩子。对孩子说明他的错误何在，才能使他们充分地反省，改正错误。父母在批评子女时也要告诉孩子怎样做，最好是能让孩子自己去思考，去作决定，而父母只是给予启发而已。批评要实事求是，是一就是一，是二就是二，不要以为说得越多越好。

过火语言只能使孩子感到无所谓，反正我错误没那么严重，爱说什么说什么吧，于是给你一个耳朵，不往心里去。孩子认为你无非就是撒撒气而已，批评的效果无形中就降低了许多。当然批评、惩罚太轻也不行，太轻不足以引起孩子警惕。最好的办法就是调查清楚，合理、公正、适度地批评。所谓"度"就是质与量的界限，超过了"度"就会走向反面。我们的批评一定不要夸大其词，要实事求是，恰如其分。

心海导航

当一个孩子一件事没做好，家长就批评他一切都做不好，因为做错一件事，导致对他的否定，会使孩子觉得太痛苦了，他会发现负责任等于痛苦。全面否定的批评将会导致严重的恶果，一切取决于你批评孩子时的态度。

美国著名儿童心理学家曾对父母的批评是否对孩子成长有影响进行了研究。他举出了一些使孩子产生痛苦联想和破坏性的话语：

使用难听的字眼——傻瓜！骗子！不中用的东西！废物！

侮辱——你简直是个饭桶！垃圾！废物！

非难——叫你不要做，你还要做，真是不可救药！

压制——不要强词夺理，我不会听你狡辩！

强迫——我说不行就不行！还敢顶嘴！

威胁——你再不学好，妈妈就不爱你了！

央求——我求你看一会儿英语吧，儿子！

贿赂——只要你这次考100分，我就给你1000块零花钱。

挖苦——洗碗，你就会洗碗，真行，以后还要做大事，做梦去吧！

这些词语是那些"热心"的家长经常用的话。这样不但不能把孩子教好，反而会把事情弄僵，更会把孩子的不良行为放大，以致于不可救药。家长希望通过严厉的管教，使孩子优秀起来，殊不知过分严厉将使孩子不敢负责，怕失败，怕惩罚。而且，孩子不敢负责任了，是因为他感觉负不起责任。

"每一个生命必须独立承担他生命的责任！"这是一个根本性的法则。任何人都不可能对别人负起责任。家长以为自己可以对孩子负起全部责任，其实你只能负起一部分责任，孩子一生的责任是没人能替代的。

对孩子进行批评，最好一次解决一个问题，不要几个问题一起批评，让孩子无所适从；更不要翻历史旧账，使孩子恐慌不安；也不要一有机会就零打碎敲地数落，结果把孩子说疲沓了，无动于衷。

家长在批评孩子时，要注意态度，批评孩子切忌话里套话，火上浇油，话中带刺，言过其实。为了不伤害孩子的自尊心，不要不分场合地训斥孩子。有客人来访的时候不批评孩子，家人都在场的时候不批评孩子，因为这会伤了孩子的自尊心；在饭桌上不批评孩子，否则会影响孩子的饮食健康；父母遇上不顺心的事情，在气头上的时候，不批评孩子，因为这个时候父母容易说话过火，影响批评的效果。

不要认为孩子年龄小，承受能力弱，对家长的批评接受不了。确实有些孩子，家长批评重了一些，就又哭又闹，拒不接受批评，甚至变本加厉地继续坚持错误。遇到这种情况，说明孩子还没有养成听取批评的良好习惯，对自己存在的问题缺乏认识。那么，家长就要在坚持批评的同时，做好耐心细致的说服工作，使孩子真正从思想上认识到问题。

批评孩子时，一定要严肃指出问题，不要怕孩子承受不了而轻描淡写，不要把批评变得庸俗，那样，起不到批评的效果，还不如不批评。也不要对孩子批评后，就立即安抚，要让孩子有反思的时间。特别是家庭成员要协调一致，形成对问题的统一看法，千万不要有一个人对孩子进行批评了，另外的人唱反调，这样做，轻者冲淡了批评的效果，重者会使孩子无所适从，混淆是非标准，对批评不当回事，甚至养成看风使舵，投机取巧，钻空子的坏习惯。

没有不犯错误的孩子，孩子犯错误是难免的，孩子犯错误并不可怕，可怕的是犯了错误后，家长不批评教育，使孩子犯错不知错，坚持错误不改正，这才是最危险的。

父母必读

※ 问一问。当孩子犯了错误，批评孩子时一定要先问清原委，分清是非。

※ 放一放。孩子所犯的错误，有时的确让父母十分生气，恨不得痛骂他一顿。这种时候，父母最好把问题放一放，让自己心气平和下来，再对孩子进行批评、教育，这样做孩子易于接受，并乐于改正错误。

※ 选一选。孩子犯了错误，父母如能选择合适的时间、地点进行批评、教育，会更容易达到预期目的，收到较好效果。

※ 导一导。有经验的父母，对犯了错误的孩子不会一味简单地批评、训斥、指责，而是像知心的好友和有经验的顾问一样，坐在他身旁，耐心地启发、引导孩子，帮助孩子弄清错误所在，自愿表示在今后如何改正、不再重犯。

※ 激一激。独生子女在家中缺少竞争压力，作为父母，在家中要激发孩子的竞争意识，促使他去接受挑战，使其潜在的积极性得到充分发挥。

细节52

打骂只能让孩子不敢承担责任

身边故事

2005 年，13 岁的沈阳女孩胡丁琦在舒曼杯（亚太）国际青少年钢琴大赛中，一人囊括了四项冠军，两项亚军，这是这个著名国际赛事创办以来的个人最好成绩。而胡丁琦这个钢琴才女却是被父亲 400 个耳光打出来的。在谈到女儿的成材经历时，一贯认为"不打不成材"的胡东振却开始反思：如果能让我重新选择，我不会再逼女儿学钢琴。钢琴才女的遭遇是否值得我们深思呢？应该采取棍棒式教育还是鼓励式教育，值得我们去深思。

专家解析

为了树立父母的威信，少数父母认为"棍棒下面出孝子"，他们太信奉棍棒教育，孩子不听话要打，孩子作业没做好要打，孩子没有责任心要打……觉得打孩子可以使他听大人的话，可以尊敬和孝顺父母。因此，一碰到小孩做错事，动辄就打骂小孩。而事实上却事与愿违，经常挨打的孩子在个性发展和健康方面都会受到损害。

棍棒教育使孩子胆小、懦弱，当看到成人暴怒，用拳头打他时，他害怕，如果孩子经常挨打，当他见到打他的人就会害怕。

如有个小学生一听到父亲叫他的名字，就神情呆滞，心跳加快。棍棒教育还会使孩子产生自卑感：自感低于别人，并产生自暴自弃的心理，失去上进的信心，形成小儿固执倔强的性格。经常挨打的孩子长大后如果与别人产生对立冲突时，会模仿大人用"打"去对待别人，如遇到与小朋友吵架时，会模仿父母的办法去用手抓对方头发或打对方耳光等。

经常挨打的孩子，如果做错事，为了逃避挨打，就会掩盖事实，编造假话，养成不诚实的行为。

经常挨打的孩子，胆小怕事，不敢承担责任。

棍棒教育有百弊而无一利，因此，对孩子应以正面教育为主。

作为父母，要控制好自己的情绪，平复舒缓自己的怒火，不要动不动就以棍棒说话，或者严词斥责。

有修养的父母对孩子说话绝对不发火。即使孩子有了错误、缺点，"火"冒三丈，也要十分注意说话的火候。

孩子毕竟是孩子，他们的思想、心理、承受力都是脆弱的、有限的、不成熟的，他们也不会"三思而后行"，往往采取盲目行动。因此，家长对孩子说话千万不可偏激，包括孩子做了错事，成绩不理想，贪玩……都应该把握住说话的分寸，尽量把话说得温和些、婉转些、随便些，通过启发、引导、鼓励来为孩子"指点迷津"。这样，就会使孩子感到亲近、可信，会让孩子在不知不觉中养成良好的习惯。

在温馨家庭中生活的孩子，他们往往人格健全，有强烈的责任感。

心海导航

父母、家庭对孩子成长的影响、性格的形成至关重要。

爱孩子,在生活上对他无微不至地关怀便好,不需要娇生惯养;在孩子的品质和学习上家长应严格要求,使他们从小在各方面都养成较好的习惯。

有的家长经常打骂孩子,殊不知家长是孩子的一面镜子,慢慢长大的孩子就很可能模仿家长,反过来施暴于家长。有的家长过于溺爱孩子,为了让孩子成材不惜一切代价,这样教育出来的孩子除了学习,与人交往、自立能力等其他各方面均不如别的孩子,这样的孩子一旦遇到挫折,就很可能出现心理问题。有的孩子认为自己的"无能"及所有的缺点都是父母造成的,于是就仇恨父母,甚至对父母拳脚相加。有的家长对孩子管得过严,孩子长期压抑,心理压力也随之加大,情绪没有出口,积累到一定程度就以暴力的形式爆发出来。

性格是怎样形成的呢?是受父母性格的影响,家长和自己孩子接触的时间最多,关系也最密切,家长是孩子的第一任老师,家长的言行都在影响和教育着自己的孩子。对孩子的教育既不能松也不能过严,对做错事情的孩子不能随便加以言语上的谩骂、侮辱、诋毁与打击,更不能施以残酷的拷打与惩罚,家长应该对孩子的错误及时纠正,加以言语上的批评与指导,让孩子接受批评,认识到自身的错误从而加以改正。家长是孩子的榜样,是他们的好伙伴、好朋友,也是好老师;棍棒下决打不出孝子,棍棒下只能打出逆子,真正爱孩子就善待自己的孩子,用正当的教育手段及方式来培养出德智体三方面都合格的未来的人才。可见,家庭环境是熏陶孩子性格特征的熔炉,良好的性格特征,要靠父母熏陶和培养。

鼓励式教育与惩罚式教育都应该有"度",过犹不及,鼓励和惩罚这两种教育手段的运用,都应该有一定的限度。惩罚应该以尊重孩子、理解孩子、不损害孩子的身心健康为前提;过分的惩罚容易导致孩子自卑、胆怯、叛逆,甚至心理失衡。过分的鼓励容易使孩子自以为是、骄傲自满、故步自封,不利于抗挫折能力的形成。对孩子一味地肯定、表扬、赏识,会使他们心理逐渐膨胀,听不进批评

意见,形成唯我独尊、任性、骄气、偏激、霸道等不良性格,难以经得起人生道路的坎坷和曲折。因此,鼓励也好,惩罚也好,都应该有一个合理的限度,超过这个限度不仅达不到教育的效果,而且是对受教育者的伤害。

父母必读

※ 把孩子当"人"。了解孩子的所思所想所感所求。多欣赏鼓励,少批评惩罚,放下架子。学会倾听的家长才是好家长。

※ 家长要让孩子学会与人合作。过年过节了,要让孩子学会交往;得到别人帮助了,要让孩子学会感谢;受到批评惩罚了,要让孩子学会反思;和别人相处,要让孩子学会尊重、理解。家长要相信,经历真实生活的历练,孩子的意志就会更坚强,就会以心发现心,用美创造美。

※ 家长做好表率,并在潜移默化中去影响孩子完善自身,形成健康的人格。

※ 立足于现实,稳扎稳打,从点滴入手,从小事着眼,循序渐进,才会有效果,才能让孩子担起他们应负的责任。

第六章
在平等教育中培养有担当的孩子

在传统的家庭观念中，父母是孩子眼中的"权威"，父母的话对孩子来说就是命令，只有听父母的话才是好孩子。但是，在融洽的家庭关系中，孩子和父母应该是平等的，这种平等不仅仅是指形式上的平等，更是实质上的平等。

细节53

让孩子经常用"我有什么责任？"
这句话问自己

身边故事

北京某小学,有位老师开了个"我有什么责任"的班会课,班会结束后,学生东东开始思考这个过去很少想的问题。是啊,数学没考好,不能怪爸爸没有辅导、妈妈没叫我起床、同学弄断了我的铅笔、老师偏心,而是因为自己没有认真改正作业中的错题,结果考试又做错了。后来,他经常用"我有什么责任?"这句话问自己,不仅学会了促使自己进步的一种激励方法,而且在各方面都能独立地以积极态度去面对,面对挫折时也能顺利解决。

专家解析

做父母的应该让孩子明白:自己的事情自己做,让他从小拥有责任感。

责任感的培养不可能一蹴而就,需要从身边的点滴小事做起。

培养孩子的责任感,对于提高孩子的抗挫折力非常有帮助。因为孩子在负起责任的同时,感受到了凡事应该以自己稚嫩的肩膀去承受,这样,他的翅膀才会越来越强壮有力,当暴风雨来临时,也会像勇敢的海燕一样,张开翅膀飞翔在风雨之中。

很多家庭都可以见到这样的情景:孩子玩过的玩具扔得满地都是,大人不得不跟在后面一件件收拾。这种情形既反映出孩子没有养成自我负责的

习惯，也表明家长对培养孩子的责任感并没有给予应有的重视。

良好的责任感是社会合作精神的基本体现，也是一个人健全人格的基本要素。责任感的培养不像教幼儿数数、背儿歌那样立竿见影，而应循序渐进，在日常生活的各个环节进行渗透，如让幼儿学会叠被子、洗手帕、系鞋带、扫地、收拾玩具和图书等。希望让孩子在劳动中形成责任心。分派孩子做家务本身并不是目的，主要是锻炼孩子承担义务和责任的能力。

家长都希望孩子有责任感，可孩子的责任感并不是与生俱来的，也不能在一定的年龄自动出现。责任感需要在长年累月的生活中去经历和体会不同的情境才能慢慢获得的。

在人才市场，到处都是找工作的人，而好多招人单位在一场招聘会下来，却找不到他们合适的人选。他们需要的人才并不是稀缺的人才，从办公文秘、打字员到部门经理、总经理，哪个岗位都缺人。

为什么会出现这种现象呢？因为无论哪个岗位都需要认真负责的人，他们需要把工作交给让他们放心的人。

而现在的家长对孩子责任感的培养意识很淡泊，零点调查公司参与的"世界公民文化与消费潮流调查"中，我国国民的价值观与其他国家明显不同：各国公众认为最重要的价值是讲究礼貌、责任感、宽容和尊重别人，而中国公众对责任感、宽容和尊重别人、与他人沟通等的重视程度远低于其他国家，只有略多于50%的人认为教育孩子讲究礼貌是重要的，只有30%的家长重视培养孩子的责任感，处于世界最低水平。

由于家长对责任感培养的不重视，导致许多孩子缺乏责任感，自私、推卸责任、不能承担重任。

家长为孩子打理一切，为孩子洗衣服、袜子、鞋子，替他们收拾书包、整理房间……长此以往，孩子不知道怎样自己照顾自己，更谈不上对他人、对社会的责任感了。

家长生病了，孩子们想不到为家长倒一杯水。学校洗手间的水龙头哗哗地流水，没有孩子认为自己应该将它关上。当老师询问情况时，一位学生说，那不是我开的,我用的是这个水龙头。

孩子的责任感是在生活中一点一点地培养,慢慢地形成的。平时对孩子娇生惯养,事无巨细都为孩子安排好的家长,希望孩子能在某一天突然变得有责任感,那只是在空想。

心海导航

在美国素有"领导人教父"之称的丹尼斯·韦特利博士告诫天下父母:"如果想让孩子成为一个合格的人才,你必须使他(她)从小就有责任感,在个人发展空间和个人责任之间达到平衡。"

丹尼斯·韦特利博士说,父母最需要给予孩子的不是金钱而是教会他们如何正确地生活、负责任地工作。给孩子再多的物质财富,多年以后他们未必能记住,反倒会滋生其"坐享其成"的人生观。而责任感是在小事中养成的,比如让孩子们觉得,打扫房间、清理书桌是他们应该做的事;过马路时帮助比自己年龄小的或者身体不适的伙伴是自己的责任。韦特利说,只有从小就具有责任意识,孩子将来才会成为一个对自己的行为负责,对组织、社群尽职的人,而这点是一个领导者必备的素质。

要想让您的孩子将来能够立足于社会,能够做一番大事业,就应该从小培养孩子的责任感,让孩子从小就承担一定的责任。让孩子做到对自己负责、对他人负责、对家庭负责、对社会负责。

分给孩子一些家务,让孩子懂得如何负起责任。孩子能够自我服务是培养责任感的第一步,父母还要根据孩子的年龄、结合孩子的兴趣,安排他们长期负责一些家务劳动,比如浇花、取报纸、摆放餐具等,这些事情3岁孩子已经有能力完成了。

如果孩子完成得好,父母应该热情鼓励,夸奖他是个负责任的孩子,借以向他灌输基本的责任意识。

让孩子有机会参与家庭的生活筹划,培养孩子对家庭的责任感。孩子从自我

的小圈子里跳出来,感受到父母操持这个家不容易,就会自觉增强自我约束和管理意识,并努力承担起一部分力所能及的责任,表现出对家庭高度的责任感。

另外,多让孩子参加社会公益活动,也是培养社会责任感的好方法。父母带孩子旅游的时候,可以就一些乱扔垃圾等不文明现象与孩子讨论。"公园里环境这么美,这些瓶子、报纸躺在路上,还美吗?""那些人乱丢垃圾对吗?""我们应该怎么做呢?"这一连串的问题会启发孩子思考个人行为与公共环境的关系。如果再讲明道理,带动孩子把捡起的垃圾送到垃圾桶内,那就不但让孩子明白道理,也让孩子知道应该用行动来维护环境,强化他们的社会责任感。父母平时就要重视从点点滴滴的小事对孩子进行耐心教育和引导,从小培养他们对自己、对他人、对社会宝贵的责任感。

父母必读

※ 父母在家庭生活中所表现的责任感的强弱,是孩子最先获得的责任感体验。父母对孩子的影响不仅是深刻的,而且是终生的。对任何人来说,能做好的事而不去做,那是缺乏责任感;同样,对于尽自己的全力做不到的事而硬要去负责,则是滥用责任感。家长要经常反省自己,随时随地对自己的言行负责。

※ 如果家长经常对人夸海口,却不去履行自己的诺言,时间长了,孩子也会慢慢模仿,想怎么说就怎么说,对自己说的话不承担责任。因此,家长一定要加强自身的修养,要做一个有责任感的人,这有利于孩子的健康成长。

※ 在学习过程中培养孩子的责任感。要让孩子了解父母等亲人对他的期望与信任,把学习当成自己必须完成的任务。当孩子在学习过程中遇到困难,思想动摇时,家长要鼓励孩子克服困难坚持下去。

※ 当孩子完成学习任务,成绩有了进步时,家长要及时给予肯定、鼓励,让孩子体验到完成任务时的满足与喜悦。

细节54

充分尊重孩子,给孩子选择的权利

身边故事

有一篇网络文章叫《你有选择的权利》,是一个华侨写给中国孩子的。这篇文章告诉中国的孩子们有自己选择的权利,但是中国的孩子们虽然有选择的权利,可大多数父母们却并没有将这种权利赋予自己的孩子。中国的父母们喜欢替孩子做主,按自己的意愿规划孩子的人生道路。就是在日常的事情上,也时常剥夺孩子的自主权。

专家解析

一个学生曾经这样描述她和父母之间的关系:如果和我妈妈聊天,大部分事情都不能说。比如我和同学开个玩笑,回到家跟妈妈一说,她总会说:"你们同学怎么这样,是不是太过分了!"其实只不过是个玩笑嘛,何必在意呢?

我们认为可笑的事情,父母却笑不出来,而且总是惊异地看着我。记得有一次,我想要双鞋。妈妈告诉我,只要喜欢就买。可是当我看中一双鞋的时候,妈妈却说:这双鞋质量不好,还是买那双质量好的吧!那双质量虽然好,可是样子却很古板,我不喜欢。即便妈妈是好意想让我买一双好一点的鞋,可是为什么我说的话就不能算数呢?

生活中,常常会发生这样的事情:孩子不愿意去做的事情,家长有时就强迫孩子去做;久而久之就限制了孩子的思考,他会觉得思考是无用的。于是,他

们在大人面前，就变得异常依赖，什么事情都得由父母做主，一旦离开父母就会无所适从。另外有一些孩子，他们很有自己的主见，可当他们将自己的想法表露出来时，却很少得到父母的认可。这时，孩子就会感到很没面子，渐渐就不愿与父母进行平等的交流了。

只有充分地尊重孩子，才能走进孩子的心灵，父母与孩子之间才能有愉快的沟通。而孩子通常希望被重视，得到尊重和信任的孩子会展现出更多的潜能。同时，孩子也会依照父母对待他的方式对待他人和世界，不被尊重的孩子往往很难学会尊重他人。

另外，倾听是必需的。倾听是一种态度，倾听是了解孩子的最佳途径。如果你能倾听孩子诉说一次，那么你与孩子的距离就拉近了一点。给孩子倾诉的机会，让孩子宣泄心中积郁的情感，这对孩子的心理健康是非常重要的。

宽容也是家长必备的。宽容的最直接做法就是理解和信任。冷静平和的态度，温和而充满爱意的语调，轻松愉快的氛围，这些都是鼓励和引导孩子把话说下去的要素。

总之，父母要像对待大人一样对待孩子，孩子就会努力使自己的行为更像大人，才能与父母的态度相配。父母从孩子最感兴趣的地方开始与孩子交流，孩子谈话的兴趣就会大大提高。

"可怜天下父母心"，父母对孩子的爱无私而深切，总想替孩子打理一切、承担一切，但有时候却适得其反。现实中又有多少家长能够真正做到像对待自己的朋友那样耐心倾听孩子的心声，尊重孩子的意见，对孩子犯的错误以理性的态度予以理解和宽容呢？父母们也要试着改变"大家长"式的教育方式，而以"朋友式"的榜样姿态出现在孩子们面前，让孩子对自己的事情做主，哪怕是一点点，都是一个良好的开始。

心海导航

著名画家达·芬奇的父亲彼特罗是一位令人称道的好父亲，他培养孩子的信条就是：让孩子对自己的事情做主。

6岁那年，达·芬奇上学了，在学校里学了很多知识，但他对绘画最感兴趣。一天，他上课不专心听讲，还给老师画了一幅速写。回家后，达·芬奇把速写给父亲看，父亲不仅没有生气，反而夸奖他画得很好，决定培养他在这方面的才华。

正是因为父亲如此开明，达·芬奇全身心投入到自己喜爱的绘画中，甚至敢画画吓唬老爸。一次，他花了一个月时间，在盾牌上画了一个两眼冒火、鼻孔生烟，看起来十分可怕的女妖头。为了把父亲吓一跳，他还关紧窗户，只让一缕光线照到女妖头的脸上。后来，父亲一进家就被盾牌上的画吓坏了，可是等达·芬奇哈哈大笑地解释完，他竟然也没有责备儿子。

16岁那年，父亲把达·芬奇带到画家维罗奇奥那里学画画。在维罗奇奥的指导下，达·芬奇刻苦学习，掌握了很多绘画技巧，终于成为一代大画家。

去体验、去闯荡，从而成为自信、勇敢和富有创造力的人。在美国电视连续剧《成长的烦恼》中，看到孩子们身上的那一股小大人气概，许多人常常会忍俊不禁，觉得非常可爱。相比之下，中国大部分儿童缺乏这种独立自主的精神，不论大事小事都要依赖父母，不肯自己动脑筋，不敢自己做主。然而事实上，这并非是中国孩子的天性如此，而是后天教育的结果。我们的父母能不能在这方面作出些改变呢？

父母必读

※ 父母不但要爱孩子，而且要给孩子应有的信任和尊重。如父母要尊重孩子的意见，让孩子参与讨论和发表意见，通过与孩子的讨论、交谈，让孩子有机会锻炼自己的能力。

※ 父母要善于发现和培养孩子生活细节中的兴趣，对孩子的点滴进步要及时进行表扬。

※ 凡属孩子自己的事情，既不越俎代庖，也不横加干涉，而是怀着爱心加以关注，以平等的态度进行商量。

※ 父母与孩子之间应有朋友式的讨论和交流的氛围,正是在这种氛围里,孩子才能够逐步养成基于爱的自信和独立的精神,从而健康地成长。

细节55

给孩子适当的发言权和自主权

身边故事

一个12岁的孩子给他的爸爸妈妈提了这样两条建议:

第一,我可否参与一些家庭的小会议。以前,我是小孩子,不懂事,参与也是调皮捣蛋。现在,我已长大了,已有分辨是非对错的能力,可每次家人一有事,就把我哄到一旁,还说:"大人们有事,小孩子别捣乱!"我已不是小孩子了,我都12岁了,每次大人们把我"驱逐出境"时,可曾体会过我的心情吗?我是家里的一分子,应该适当参与家庭讨论,这样便可以多一个人出主意,想办法,还可以提高我的遇事分析能力,增长社会经验。

第二,个人也有个人的性格特点,有的外向,有的内向,有的开朗,有的孤僻。和任何人相处,都应该尊重别人的习惯。我一般不喜欢把自己的秘密告诉别人,就是对家人和好友也有所隐瞒,只把自己的喜怒哀乐记在本上。可你们往往却不经过我的允许,就随便翻阅我的日记,是不是有些太过分了,这点我很不满意。

专家解析

孩子从呱呱落地到将来长大成人、成家立业,是一个从依赖到独立的过程。

在这个过程中,孩子的独立意识是逐步建立起来的,家长千万不要总是以大人的眼光看待孩子的言行,而应该给孩子适当的发言权和自主权。如果一个孩子过于依赖父母,养成了习惯,对于迟早到来的独立生活将是极为有害的。

在家庭生活中,应当注意教育孩子自觉地、主动地、独立地调节自己的行为,而不是事事依靠父母的督促、管理。应当教育孩子明确自己活动的目的和任务,逐步培养孩子学会自觉地计划和检查自己的学习和活动,父母切不可包办代替。由于小学阶段的儿童自我调节、控制行为的能力还很差,所以,单单用讲道理的方式教育孩子有独立性还不够,必须把抽象的道理和具体生动的事实结合起来,方能收到良好的效果。

应当放手让孩子参加自我服务劳动,让其学会照料自己的生活,诸如穿衣、系鞋带、梳头、洗脸、吃饭、整理书包、收拾房间等,父母尽量不要代替孩子做。如果父母在生活方面过分照管,不仅不利于孩子独立性、自主性的发展,而且还容易使其养成诸如懒惰、依从等不良品质。父母还应当让孩子经常参加一些家务劳动,如帮父母洗菜、购买物品、打扫卫生等,这是培养孩子生活处理能力的一种有效手段。除此之外,父母应当鼓励孩子积极参加学校的值日劳动和一些公益性劳动,父母决不可代替孩子完成这些活动。让孩子参加自我服务劳动,使其从小就自己动手来满足个人需要,不仅能培养孩子的生活自理能力,而且还有助于孩子养成尊敬父母的良好习惯,对培养孩子的集体感、责任感也大有帮助。如苏霍姆林斯基所指出的那样:"经常化的自我服务劳动能使劳动变为人人都负担的平等的普遍义务,并使孩子感受到,通过自我服务的劳动,能使生活变得更美好、更快乐、更可爱。"

在日常生活中,相当多的孩子有办事磨磨蹭蹭的坏习惯,效率观念和时间观念很差。父母应教育孩子有效利用时间,让其学会对时间的统筹安排,并学会利用零碎时间和发挥时间的综合效应,教育孩子理解时间在生活中的意义,使其从小在心中就打下"时间就是生命,效率就是金钱"的深刻烙印。还应注意让孩子养成今日事情今日完成、珍惜时间、节约时间、遵守时间、合理安排时间的好习惯。

心海导航

当孩子慢慢长大,他就会希望像大人那样承担一定的义务,并且也希望像大人那样拥有自己的空间。所以家长就应该抓住这个教育的良好机遇,听取孩子对家庭生活的建议。经常和孩子讲讲家里的花销添置、人事来往,并请孩子谈谈自己的看法,或者请孩子出主意想办法。当父母经常聆听他们的意见、采纳他们的有价值的建议的时候,孩子就会心中油然而生对家庭的责任感。

在孩子尝试着自己做主的时候,不要总是对孩子说"你还小"、"你不懂"、"你不行",而要给孩子一定的锻炼机会。孩子们的成长速度是惊人的,远远超出成年人的想象。成年人认为孩子不能做的事,可能孩子已经完全有能力驾驭。因此,父母们要尽量给孩子一些锻炼的勇气和机会,这样,孩子便可以在自我服务中增强责任心。

在现实生活中,许多家长都非常重视孩子的智力教育,望子成龙心切,却往往忽视了孩子的自主生活能力的培养,父母什么家务也不让孩子干,甚至上了小学,孩子的吃饭、穿衣还由家长包办。结果造成孩子对父母、家庭、环境的过度依赖,有些小学生连基本的生活自理能力也没有,成为家庭中所谓的"小皇帝"、"小公主"。

究其原因,主要是由于家长的过度关心所致。事事为孩子包办,势必隔断孩子同周围环境的接触,其结果是,孩子应当具有的自我探索性活动都变成了父母精心照料下的被支配性活动。如果孩子缺乏独立性的尝试机会,他们就会变得事事处处依赖父母去获得每一项新的经验。父母的一系列替代活动,使孩子逐渐丧失了自我。有的父母每天都要详细地盘问班上发生的一切,从而给孩子种种"指导",甚至在班内同哪个小朋友玩,不同哪个小朋友玩,都由父母决定。长此以往,孩子在生活、学习中,处处靠父母的保护进行选择,靠父母的力量去参加各种社会活动,久之,孩子会丧失独立性和克服困难的意志与能力。显而易见,这对孩子未来的发展极为不利。

　　※ 把责任还给孩子：从摆放玩具、日常用品这样的小事做起。

　　※ 不要以为孩子长大了，自然什么都会做；更不要以为，他们什么都愿意做。如果你没有从小培养他做一些家务事的习惯，就别指望他长大了能主动帮你做什么。当然，我们也不是让父母把孩子培养成"劳动全能手"，只不过，总有些力所能及的事情是他们可以，而且应该分担的。

　　※ 只要孩子有进步，哪怕不如家长所期望的，也要给予热情和真诚的鼓励。孩子在我们的鼓励中，产生被认可、被接受的感觉，增强了大声讲话的信心，有助于消除紧张感。

　　※ 属于孩子的事让他自己订计划，做准备，自我检查，自己负责。教会孩子一些方法，让他自己做。如果孩子粗心出错，让他自尝后果，如红领巾丢了，别急着买，让他去挨一次批评；作业错了，让他得一次低分。目的是让他明白粗心会带来损失。同时父母要停止唠叨，因为不厌其烦地提醒，其结果恰恰养成了他丢三落四的习惯。

细节56

有意识地培养孩子的家庭责任感

身边故事

　　珊珊从学校回到家里，妈妈看他热得满头是汗，连忙递给他一个冰淇淋。珊珊把书包放下来，要做作业，妈妈赶紧过来从书包里给他找课本，又拿出笔。珊珊开始做作业了，妈妈一会儿过来递牛奶，一会儿过来递毛巾。

吃晚饭时，妈妈把饭桌收拾好，给珊珊和爸爸盛好饭，叫珊珊过来吃。珊珊吃完一碗，妈妈忙给他又盛了一碗。爸爸说："咱们家珊珊都上三年级了，可以自己来。"妈妈说："这小事儿，我能做，只要咱宝贝儿子在学校表现优秀就行了。"

专家解析

几乎每一个父亲或母亲都希望自己的孩子有责任感，而且相信责任感是一个人立足于复杂社会，能担当重任的重要条件。但是，孩子并不是天生具有责任感的，责任感是在适宜的条件和精心的培植下，随着年龄和心灵的成长而生长起来的。家庭是孩子责任感赖以生长的土壤，父母对待孩子的态度和教育孩子的方法是它能否健康成长的重要条件。在家庭环境中长出责任感的"幼苗"，才能在更复杂的学校、社会环境中经受考验，得到修正和磨炼，最终会成为一个自强、自立的人。

著名教育家叶圣陶先生说过："教育是什么，往简单方面说，只有一句话，就是养成良好的习惯……"小学生具有年龄小，可塑性大的特点，他们的各种习惯容易养成也容易改变，如果从小就坚持反复不断地培养他们良好的行为习惯，对他们今后成长、立足于社会、获得事业成功具有不可估量的作用。

但往往有些父母，认为孩子还太小，让他只关心学习就好了，别的什么都不用他插手。

教育家马卡连柯说："一切都让给子女，牺牲一切，甚至牺牲自己的幸福，这就是父母所能给孩子的最可怕的礼物。"如今的不少父母，却把这件最可怕的礼物不断地加在孩子身上。更有一些父母把精力都放在孩子身上，甚至丧失了自我。对于父母的这种行为，您是怎么看的呢？

有责任感的孩子能运用他自己的智慧、信心和判断力去作出决定，独立行事，考虑他的行为后果，并且在不影响他人权利的情况下满足他们自己的需要。他们明白自己的义务，并主动履行义务，愿意承担自己行动的后果。

家庭责任感主要是指能尊重其他家庭成员的权利，自愿承担家庭义务，为自己的行为承担责任。一个具有家庭责任感的青年，不仅能在家庭生活中扮演好家庭成员的角色,在未来的生活中也有能力支撑、组织好属于自己的家庭,他的一生不仅能享受到家庭生活的充实、快乐,同时,也能创造出温馨、和睦的家庭气氛。

孩子家庭责任感淡化的原因主要是父母的观念、态度和教育方法不当。父母惯于把孩子看成自己的私有"财产",把自己的意愿强加于孩子,很少给孩子应有的尊重和平等参与家庭问题讨论决策的机会。或是父母把孩子的利益、需要一直放在首位,对孩子"唯命是从"、呵护备至,唯恐孩子受了"委屈"。再者,有些父母最关心孩子的学习成绩,认为只要学习好其他的问题都是次要的,为了让孩子有更多的精力和时间学习,他们包揽了所有的事情。其实,未来生活所必需的观念、态度和技能有些是不能在书本和学校中学到的,孩子在家庭生活中也时时处处在学习,这同样是一种学习,而且是很重要的学习。在家庭生活方面给孩子必要的指导,有意识地培养孩子的家庭责任感,是父母的责任。

心海导航

孩子一出生便成为家庭中的一员,他是一个走向成熟独立的人。父母有责任照顾他、抚养他,有权利引导他、规范他,但无权以自己的观念禁锢他,以自己的意愿强加于他,孩子应受到尊重,孩子也应尊敬、关爱父母及他人,分担家务。

孩子不应是家庭中的核心,也不应是家庭的附属品或私有"财产",而是与其他家庭成员一样,一出生便是一个独立的人。随着年龄的增长,生理及心理的逐渐成熟,孩子应越来越多地享有独立与自由,以及平等参与家庭问题讨论决策的机会,家庭责任感的增强是孩子心理真正成熟的表现。家长若能意识到孩子与父母之间是平等的、相对独立的、靠亲情相互联系的关系,并有意识地引导孩子明确自己在家庭中的地位,消除"特权的"、"核心的",或"附属的"、"被管制的"等不良角色意识,不仅能创造出和谐的家庭气氛,也能促成孩子的健康成长,为孩子的未来生活奠定良好的基础。

培养孩子的家庭责任感的根源在于家长是否具有家庭责任感,还在于家长是否给孩子练习的机会。如果你不是一个尽职尽责的父亲或母亲,怎能对孩子进行

责任心的教育呢?父亲与朋友玩麻将通宵达旦,不顾及对家人的干扰;母亲忙于在外应酬,家里一团糟,父母有什么理由和资格去埋怨孩子不愿回家呢?在一个专制的大人王国里,也难以培养出有家庭责任感的孩子,因为家长对孩子控制得太死,管制得太多,使孩子没有机会就某件事做出负责的行为,孩子做事只是服从、听命于大人的意见;而我们强调的责任感并不是指你的孩子按照你告诉他的方式去行事,而是一旦家里需要额外帮助时,他能主动发现并自主地作出反应。只有民主的家庭,才是家庭责任感生长的最佳环境。在那里,人与人相互独立(并非各行其是,漠不关心),彼此尊重又相互关照,孩子受到重视,家长具有威信。

在家庭生活中如何创造或抓住机会培养孩子的责任感? 这里的关键是,你必须赋予孩子一定的责任,以便有针对性地进行教育。空洞地说教是不能培养孩子的责任感的。通过赋予孩子责任,通过让孩子收获责任感行为的报偿,或忍受不负责任行为的不良后果,才能让孩子具有责任感。

"责任感"是一种特殊的营养,可以帮助孩子慢慢长大;知道自己该做什么,怎么去做。

父母必读

※ 父母要信任孩子,给他们一定的自由。事事都管着孩子,会让孩子过于依赖大人,太过限制则会让他们产生逆反心理。信任是一种尊重,并能帮助孩子建立起责任感。

※ 关心孩子的思想和学习,乐于帮助孩子解决学习、生活中的一些困难,但只限于帮助,而非包办。

※ 在家庭中,我们应该从小培养孩子的责任感。让孩子树立起责任感,并不意味着我们的孩子必须如父母一般照顾全家的生计,供应社会的所需,我们可以让孩子做一些力所能及的事情,如扫地、洗碗、洗衣服。我们不要求地板一尘不染、不苛求碗筷光亮如新、不期盼衣服上污渍全无,我们只是要让孩子明白他对这个家庭有着不可推卸的责任。

细节57

让孩子承受一点生活的压力

身边故事

美国孩子的口号是："要花钱,自己挣。"他们把伸手向父母要钱视为一种无能的表现。

有一个叫杰瑞的小男孩,才刚满13岁,就开始兴奋起来:"我差不多可以到外面去打工了。我的朋友去年夏天就在迈尔超市做装袋,他说他可以帮我在那里找一份工作。"

在加拿大一个记者家中,两个上小学的孩子每天早上要去给各家各户送报纸。看着孩子兴致勃勃地分发报纸,那位当记者的父亲感到很自豪:"分发这么多报纸不容易,很早就起床,无论刮风下雨都要去送,可孩子们从来都没有耽误过。"

专家解析

中国的父母是最无私的,他们常说:"自己苦点没什么,只要孩子不受苦就行。"不管生活多么艰苦,父母总要为孩子撑起一片天,让孩子吃得好,穿得满意。可是许多时候,孩子并不理解父母的一片苦心,他们仍对自己的消费上不了档次耿耿于怀。"贫家养娇子"现象现在很普遍,这种现象的产生其实也不能怪孩子,因为孩子根本就不知道自己的家底,也就无法理解父母的苦心,更难有什么家庭责任感了。

孩子既然是家庭的一员,他应当享受家庭幸福的生活,也应有责任分担家庭

的困难。让他们明白自己担负的责任,承受一点生活的压力,他们才能正确对待人生,从贫困中磨炼自己坚毅的性格和不屈不挠的拼搏精神。作为家长,应定时、定期与孩子进行交谈,告诉他们家庭的一些情况,让他们有一种家庭责任感,不光是享受家庭的幸福,重要的是能努力帮助家长分担忧愁,以利于孩子今后的发展。

美国人就很重视培养孩子的家庭责任感,他们设有"带孩子上班日"。在这天,父母带上年满 6~16 岁的孩子来上班,其目的就是让孩子知道父母劳动的辛苦。由此使孩子感受到生活的艰难不易,就会珍惜父母的劳动成果,激发孩子的吃苦进取精神,对其未来起着很大的引导作用。

在中国许多父母不让孩子出去赚钱,认为孩子年纪这么小,不应该出去打工赚钱,家里又不缺这几个钱花,但国外家长不会阻拦孩子外出打工。相反,有些家庭还十分鼓励孩子早些走出家门,接触社会。他们认为:"孩子不需要那个钱,但需要知道挣钱的艰辛,需要学会怎样才能独立生存。"

其实,家长不让孩子为家里操一点心,实质上就是在剥夺孩子应有的责任感;一个没有责任感的孩子,他又怎么能够在将来有所作为呢?现在生活环境有所改善了,学校设施也更新了。可是,新的教学法,孩子的减负,家长的全力支持,这一切是否促进了我们的孩子去更发奋读书,更自觉地要求自己呢?

真实情况并非如此,而是恰恰相反。孩子们的学习自觉性变差了,对自己的要求也有所降低了,然而更为主要的是我们发现孩子的责任感也丢失了。

在以往的比较艰苦的环境中,孩子们会为家长承担其中一部分责任,帮助自己的家长持家守业,照顾自己的兄弟姐妹,知道家长的谋生之不容易,尽到自己做子女的义务,希望自己有一天能够为家长解忧去烦。

所有这一切都使孩子从小看到自己生活的意义,让他们看到自己的行为能为他人带来好的影响,感到自己对他人是有用处的,因此而产生一种自豪感和责任感。当然,从家庭中培养出来的这种感觉,即是增强将来的责任感的坚实基础,如果没有这种基础,那么对别人、对社会、对人类的那种责任感与使命感就更不知从何谈起。

任何一个没有责任感、没有价值感的孩子,都会因为找不到自己生命在社会中的地位和作用而感到迷惘,进而失去可以创造价值的动力。

这是一件非常不容易的事,因为我们做家长的,自己也同样面对着许多新的社会环境提出的挑战,而且许多东西是我们所不熟悉,甚至是不知道的。

每个孩子都需要直接面对社会,他所能依赖的只有自己,学校是给予孩子们社会和生活经验的一个纽带。新世纪出生的孩子是一代不需要为家庭的温饱分担任何责任的人,他们从家长那里得到的唯一信息是:"别惹什么麻烦,好好地读书,照家长和老师说的去做,我们就满足。"而并非像前一代人那样,在孩童时代从生活中就领会到:"我对整个家庭生活的好坏起着重要的作用,我的家很需要我。"

心海导航

社会的变化使孩子们的责任感减弱,也决定了他们在上进心、纪律性及荣誉感上普遍的减弱,这一代人都认为无论他们的学习或行为怎样出色,都不会对他们周围的人与事发生什么影响,他们只是照着别人的规划生活而已。

孩子们展现自我价值的唯一方式就是满足于父母或他人为他们设定的目标,而不管他们自己的个性如何,自己喜不喜欢。这种社会环境的变化给孩子将来的社会地位所带来的影响是很深远的。

与孩子之间进行一些平等的交流,也是培养他们的责任感的一种方式,不但要倾听他们的心声、感受,也要同他们谈一些我们自己的喜怒哀乐,同孩子做朋友。

例如谈一谈建设家庭的计划,在孩子大了一些后,甚至可以与孩子商讨一些关于家庭财务的安排。

一般来讲,如果让家长多与孩子谈一谈自己的小世界,他们是可以理解并且遵照执行的;但是要求家长谈他们自己的内心感受与社会体验,却显得十分犹豫,甚至是拒绝尝试。他们的想法也都很简单:"孩子那么小,能懂得什么?"

因此,有许多家长认为孩子就只是孩子,他什么都不懂,所以对于孩子小的时候就培养他的责任感都没有给予重视,总是觉得等他们长大了以后再说吧。可是

等孩子长大了以后就不听你那一套了，不良的习惯已经养成，到时候后悔晚矣！

有些家长或许会说："大人之间的事我们怎么可以同孩子讲，即使讲了他也不懂，再说我平时为生活忙得不可开交，又哪里有时间去和孩子闲扯。"其实孩子们的理解力也是很强的，而且他们对外界的观察力往往很敏锐，只不过他们的心理活动会被大人忽略。

做家长的也常常会听到孩子的问话："妈妈你今天怎么啦?你怎么生气啦?"

这实质上是孩子对家长关心的一种表现，是我们应当积极鼓励的，但是我们一般给予的答复是："我没有不高兴。"或"都是大人的事，你去学你的吧。"而对家里其他的事，譬如人事往来等，更是以为与孩子无关，久而久之，家长们给孩子留下的印象就只会是："这个家里的任何事都与我没有什么关系，我只要不惹什么麻烦，衣来伸手，饭来张口，父母就会高兴。"

在这样环境中成长起来的孩子，从未看到自己对于家庭有什么可能的帮助，也没有感到家长除了让他们学习、吃住和生活，对他们还有什么其他的需要。

用这种方式培养出来的孩子，自然也不会懂得什么叫做责任感、使命感了。

父母必读

※ 培养孩子的家庭责任感，父母要为孩子提供扮演有价值角色的机会。比如，有意识地分派给孩子一些力所能及的家务劳动。

※ 让孩子参加家庭会议，商讨家庭计划的制订。

※ 让孩子体谅父母的艰辛，为父母分担忧愁;自觉遵守家庭的基本规则，自己的事情自己做，等等。让孩子在家庭中感觉到自身的价值和作用，从而产生自豪感和责任感。

※ 要教育孩子关心自己的亲人和家庭。家长应该要求孩子主动关心家里的老人、病人和比自己年幼的弟、妹，要做一些力所能及的家务劳动，让孩子在家庭生活的磨炼中形成责任感，进而上升为对家庭、对父母负责。

细节 58

为孩子营造一个良好的成长环境

身边故事

在美国，有两个已繁衍了 8 代子孙的家族。一个家族的始祖是 200 年前康乃狄克州德高望重的著名哲学家嘉纳塞·爱德华。由于他重视子女的教育，并代代相传，在他的 8 代子孙中共出了 1 位副总统、1 位外交官、13 位大学院长、103 位大学教授、60 位医生、20 多个议员……在长达两个世纪中，竟没有一人被关、被捕、被判刑的。

另一个家族的始祖是 200 年前纽约州的马克斯·莱克，他是个臭名昭著的赌棍加酒鬼，开设赌馆，对子女教育不闻不问。在他的 8 代子孙中有 7 个杀人犯、65 个盗窃犯、324 个乞丐，因狂饮天亡或成为残废者的多达 400 多人。这两个家族的 8 代家史，告诉我们家庭是子女的第一个"学校"，父母是孩子的第一个"老师"，潜移默化的家庭教育及影响，将会直接关系到子女的道德品质、法纪观念、人生观等的形成。我们特别要探讨的是：成功的家庭教育给予人们的启示。

专家解析

清代的曾国藩出身低微，然而他不仅学识渊博、见识广泛、文武兼备，而且当时的朝廷信赖他，满朝文武官员钦佩、尊敬他，死后被谥为"文正"、被誉为"中兴第一名臣"。曾国藩的一生，谦虚诚实，教子有方。他的儿子纪泽诗文书画俱佳，又自修英文，成为清末著名外交家；纪鸿研究古算学也取得了相当的成就，但他

不幸早逝;他的孙辈也出了曾广钧这样的诗人;曾孙辈又出了曾约农这样的学者和教育家。

曾国藩在教子方式上有3个方面给人启迪:

教育子孙读书的目的在于明白事理。他致力于培养孩子们读书的兴趣,注意观察他们的天赋、潜能,在此基础上再进行培养、雕塑。他认为一个人只要身体好,能吟诗作文,能够明白、通晓事理,就能有所作为,就不愁没有饭吃,就会受到人们的尊敬。他认为当官是一阵子的事,做人是一辈子的事;官衔的大小不取决于自己,而学问的多寡则主要取决于自己。

教育子孙要艰苦朴素。曾国藩在京城时见到不少高官子弟奢侈腐化,挥霍无度,胸无点墨,且目中无人。因此,他不让自己的孩子住在北京、长沙等繁华的城市,要他们住在老家。并告诫他(她)们:饭菜不能过分丰盛;衣服不能过分华丽;门外不准挂"相府"、"侯府"的匾;出门要轻车简从;考试前后不能拜访考官,不能给考官写信,等等。因此,他的子女因为自己的父亲是曾国藩反而更担心自己的言行不够检点、学识不够渊博而损害父亲的声誉。所以他们磨砺自己,迎难而上、奋发图强。

曾国藩很重视自己的一言一行对孩子的影响,凡要求孩子做到的,先要求自己做到;他生活俭朴,两袖清风。传说他在遇到饭里有谷粒时,从来不把它一口吐在地上,而是用牙齿把谷粒剥开,把谷里的米吃了,再把谷壳吐掉。他要求纪泽、纪鸿也这样。他日理万机,但是一有时间,就给孩子写信,为他们批改诗文,还常常与他们交换学习、修身养性的心得体会。在教育孩子的过程之中,曾国藩既是父亲又是朋友;既是经师又是人师。他赢得了孩子们的尊敬和爱戴,他的孩子们都非常钦佩、崇拜他,把他视为自己的人生偶像。

好的家庭教育是一所大学,孩子在家庭里学到的东西是奠定他性格的基础,如果父母能为子女营造出一个良好的成长环境,孩子的未来道路就会平坦顺利。

心海导航

在新加坡南洋女子中学,学校校长和班主任在一位中国女孩顾盼的推荐书上这样写道:"顾盼是一个全面发展的学生,她勤奋努力,目标明确,自信心强,爽朗乐观,积极进取,成绩优异,相信她能成为任何一所高一级学校里的一名优秀学生。"

顾盼,来自杭州的女孩,中考时是全市"状元",高中阶段她被杭州二中推荐到新加坡南洋女子中学留学。在新加坡期间,她多次在各类国际数学竞赛上创造佳绩,2000年在新加坡奥林匹克物理、化学竞赛中,获物理金奖、化学银奖。2002年6月29日,新加坡政府为顾盼颁发奖学金证书,并给予她很高评价。同年9月,她又以优异的成绩跨进了美国斯坦福大学的大门。如今,她已是斯坦福大学电子工程系的高材生。谈及自己的成长,顾盼脱口而出:"这要感谢我爸爸。"然而,令人难以置信的是,顾盼的爸爸顾今夕,是一位仅有高中学历的下岗职工,而且是患有"脑垂体发育不全侏儒症"的残疾人。

顾今夕对顾盼的教育,极其看重对品德的塑造,一个人好的品行、习惯,是在生活的点滴小事中慢慢形成的。他认为,品行教育不是单单靠父母的说教,还要靠父母的身体力行、率先垂范。有了女儿以后,他就时时告诫自己:要求孩子做到的,自己首先要做到;要求孩子不能做的,自己首先要带头不做。在爸爸的言传身教下,顾盼从小就养成了遵守社会公德的好习惯。

除了良好的品行之外,顾今夕也注重顾盼良好习惯的培养。他深知,良好的生活和学习习惯,可以使人受益终身。顾盼上学前,顾今夕先到家长学校学习。有人对他说:"孩子从上学第一天起,就要养成她放学后,先完成作业再玩的习惯。"这个提醒,让他一下子意识到培养孩子良好学习习惯的重要性。那时顾盼不太懂事,又贪玩,往往不把做作业的事放在心上,只顾玩。为了帮她改正这些缺点,顾今夕一直毫不松懈地督促她,打了很长时间的"持久战"。"家庭教育应该是耐心的,而不是急躁的;坚持说理的,而不是责骂的;不是速战速决的,而是锲

而不舍的持久战。"顾今夕如是说。

出国不久,女儿在来信中写道:"唯一使我心烦的是我的外语学习。我觉得我的口语和听力不好。爸爸,我该怎么办呢?"

顾今夕当即打电话给她:"女儿,知识靠积累,学习凭毅力,积沙成塔,滴水成河,现在每天能背多少个单词,就背多少,能记住几个就记住几个,坚持努力,日积月累,最后肯定能闯过'语言关'的。爸爸相信你的能力和决心,你一定会成功!"

为帮助女儿解决学英语的困难,顾今夕特地买了几本有配套磁带的英语读物寄去,供女儿学习用。在爸爸的支持和鼓励下,顾盼自己咬紧牙关,刻苦努力,终于闯过了语言难关,各科成绩随即大幅度提高。到了这年的期末,她取得了班级第一、年级第二的优秀成绩。

顾今夕说:"作为一个明智的家长,应该主动配合学校教育,热情支持老师工作。因此,凡班主任布置的任务,我都会全力以赴地配合。"

父母必读

※ 身教重于言教。有些父母往往忽视了对孩子的教育;有些父母自己游山玩水、挥霍浪费,却要求孩子好好学习、艰苦朴素、勤俭节约;有些家长自己看不起读书人,却要自己的小孩子学有所成。

※ 操行与学习同步发展。有些家长只关心孩子的学习,却不关心孩子的操行。其结果往往事与愿违,其子女反其道而行之,这是家长在教育过程中的偏差引起的不良后果。

※ 责任感的培养,是滴水成河的过程,家长在教育孩子的过程中,除了要提供一个良好的家庭教育环境外,还要做到言教与身教相统一,使孩子在潜移默化中形成一种良好的习惯。

第七章
在集体生活中培养有社会责任感的孩子

联合国教科文组织强调 21 世纪的教育要倡导"全球合作的精神"。培养孩子的责任感也应该从自我的小圈子里跳出来，到更广阔的天地里去磨炼，孩子才可能会成为一个大器之才。

细节 59

创造条件让孩子多过集体生活

身边故事

珍珍在小学里成绩优秀，又是班干部，因爸爸工作调动，这学期珍珍转学到了另一所小学。她以为凭着自己的优秀成绩，理所当然仍然是班干部。然而，在班干部竞选中，性格内向的珍珍落选了。嫉妒扭曲了珍珍原来善良、纯真的童心，怨恨与冷漠渐渐使她陷入了孤立状态，珍珍陷入了痛苦和失眠中。父母在发现女儿学习成绩下降的同时也发现了她的情绪变化。

爸爸妈妈了解到全部症结，立即投入了帮女儿走出个人小圈子的工作。爸爸妈妈首先关注学校的每一次集体活动，鼓励女儿参加，教育女儿关心班集体，热情真诚地帮助需要帮助的同学……在爸爸妈妈的鼓励和珍珍的努力下，同学们慢慢接受了珍珍，珍珍也发现了同学们对自己态度的变化。

专家解析

常常遇到这样的家长，他们只关心孩子的学习，而不赞成孩子参与集体活动，更反对孩子牺牲自己的时间为班集体做事。他们认为，孩子为班级效力是一种"吃亏"。

孩子为集体服务"吃亏"吗？可能有些家长认为是"吃亏"，因为牺牲自己的学习时间去为别人操心，这不是"吃亏"是什么呢？

其实这并不是"吃亏"，而是一种"收获"。在参与集体活动，在为同学们服务的过程中,孩子不但能够养成乐于奉献、与人合作的品质,而且还能收获各种能力。这种品质和能力,恰恰是今后孩子走上社会所必不可少的。如果孩子在中学时代没有这种收获,这才是真正的"吃亏"呢。

一个孩子在作文中写道:

我们班年年在校文娱汇演大会上是倒数第几名,今年我和几位班委商量了一下,决定要让我们班的文体活动拿到名次。学校规定每个班出一个文娱节目,我们班一致决定跳劲舞。学校主任是最反对学生跳劲舞的了,于是我们在汇报节目时专门向老师强调了,我们的这个劲舞只是跳出中学生的青春朝气。老师接受了我们的创意,我们便开始选人,选音乐。

一切准备工作都就绪后,最艰难的工作开始了。跳劲舞的最大问题就是不能像民族舞那样有现成的动作可跳,而是要从不同的地方,东一个动作,西一个动作拼凑到一起,所以我和我的搭档泉一起找别人借了一大堆VCD回家看,凑动作。这次比赛有3个班跳劲舞,我们班在跳劲舞的班级中排在第二个出场,应该说不太有利,但我们的表演非常出色,台下不断有掌声、叫好声和尖叫声。结束之后,还有不少我不认识的人跑到我面前来称赞几句,我当时的心情真的无法用语言来形容。我们只能狂喊:"我们成功了!"

显然,这篇作文是在追忆原来的一次演出活动,但字里行间所洋溢出来的那份骄傲,依然那么鲜活。而这种幸福,是面对集体活动袖手旁观的人无论如何体验不到的。更重要的是,孩子在为集体服务的过程中,也在收获着从书本上学不到的品质与能力。

心海导航

家长要创造条件让孩子多过集体生活,让他在集体生活的熏陶下,养成热爱集体的习惯。独生子女在家里的地位特殊,家里的人都围着他转,环境使他考虑自己多,考虑别人少,如果家长有意识地把孩子放到集体中去锻炼,就会有利于孩子克服性情孤僻、自私自利这些弱点。因为在集体中,容易养成团结友爱,

活泼开朗的性格，能够正确地对待自己和别人，摆正自己和集体的关系。所以，家长应多点鼓励，支持孩子积极参加班级学校的集体活动，比如：劳动、运动会、晚会、郊游，等等。

让孩子和周围的小朋友一起玩耍。孩子在和小伙伴玩耍的时候，会逐渐懂得互相关心、互相帮助、团结友爱。有的家长由于怕孩子受人欺负，或是怕坏人教唆，不让他和别的小朋友交往，这是不恰当的。家长可以帮助孩子选择适当的方法，让孩子和伙伴一起玩耍，遇到困难互相帮助，这样，孩子们在共同的活动中就会体验到伙伴之间的友情，养成互相帮助、互相关心的好习惯、好品质。

只有责任感上升到一定层次，孩子才能从对自己负责发展到关心他人和集体。所有这些关心他人，关心集体的习惯、品质，都是孩子需要从大人那里得到的。在日常生活和工作中，家长要以身作则，处处关心他人，关心集体。这样，才会在不知不觉中把这种品格感染给自己的孩子，这才是大爱。

刘佳在一所住宿制学校上学，这天，他找到老师，说他不想住宿了，想走读。刘佳平时表现非常好，做事认真负责，成绩在班里名列前茅，他忽然有这种变化，老师想知道原因。

经过一番了解，原来刘佳是一个内向的孩子，平时总是默默无言，而他宿舍的另 3 个孩子都非常开朗，性格比较外向。

孩子都是找志趣相投的同学在一起，所以在宿舍里，他们 3 人性格比较合得来，每次回宿舍，他们 3 人总是热情洋溢，而刘佳却只是静静地漱洗，然后睡觉，等着熄灯后的安静。久而久之，他就觉得他们是在孤立他，因此他就陷入了无边的困境中。

老师在知道了问题的根源后，决定帮助刘佳建立和同学的友好关系，因为只有让他感受到宿舍集体对他的关爱，他才会放开自己的心，去重新认识这一切。

老师了解到，刘佳不善于和人开玩笑，另外 3 个孩子有时和他开玩笑，他会很生气；有一天那 3 个孩子都睡过了头，而刘佳却一个人走了，没有叫他们。老师告诉那 3 个孩子，这是因为他们平时不交流，造成他们之间的隔阂，老师又叫他们回忆一下刘佳平时的表现,是不是很在意他们的,他们回忆后若有所思。在他们意识到自己的重要性后,老师告诉他们,他们是一个集体,是一家人,所以必须帮助每一个需要帮助的人。

通过一段时间的努力,刘佳性格逐渐开朗了,和同学关系也处理得不错,这个小集体真的像一家人一样了。

孩子只有在集体中,才能感受到自己的价值;并且在关注集体事情中,才能使个人责任感不断提升。

父母必读

※ 培养学生的全面素质,光靠学校教育是不行的,必须实行学校教育和家庭教育、社会教育三位一体的教育。其中家庭教育的正确有效,直接影响着学校教育的成效。

※ 对于家庭教育的重要性,家长必须有深刻认识。平时多教导孩子,他是集体中的一员,应该积极主动参加集体活动,积极为集体活动出主意、作贡献。

※ 家长的鼓励,将使孩子在成长的过程中逐步完善品质。家长切莫忽视言传身教的效用。

※ 在教育孩子的过程里,家长和老师一样会体会到愉快、满足和欣慰。

细节 60

让孩子成为集体中的积极分子

身边故事

10岁的琪琪又一次被选为少先队中队长,并且再次获得了"三好学生"称号,并

被评为优秀班干部。

琪琪刚上小学一年级时，老师把教室门的钥匙交给琪琪保管，所以在这4年中，她一直拿着班上的门钥匙，冬季天气很冷，早上也很黑，她每天为开门就早出家门15分钟，生怕有哪位同学在门外受冻，甚至有时有一两位同学在门口等开门，她回家后就很内疚地说："今天迟了，某某在门口等开门。"年复一年，日复一日，她天天如此，她有时也自言："谁让我是班长，班长就应该为班级服务。"她从未有过怨言，心甘情愿，从不曾放弃，天天保持一颗责任心。

二年级时，她早上到校把门打开，就去温习功课。预备铃打了，可老师还没来，她就拿起语文书，走上讲台，让大家拿出纸听写，大家准备好了，她就开始念词。

琪琪的责任心使老师和同学都十分喜欢她，她也在不断完善自己责任心的过程中茁壮成长。

专家解析

小玫刚入学的时候就当上了班长，老师要求她每周的周二、周四两天于7点25分到教室带领同学们早读。第一周小玫积极地按老师的要求做了。从第二周开始她的行动就有些懒散了，有时7点40分才到学校。

有一次小玫放学回家满脸不高兴地对妈妈说："同学们不听我的话，吵吵闹闹地不读书。老师发现了批评了我。"

妈妈看着小玫沮丧的样子，问她说："同学们为什么不听你的话?老师为什么批评你?"小玫说："同学们告诉老师说我来得很晚，有时几乎迟到。老师就批评我没有给同学们做个好榜样。"妈妈明白了事情的症结所在，又问："老师还给你机会当班长吗?""老师说要看我这一周表现得怎样。如果做到老师的要求了，就继续当班长。"吃过晚饭后，妈妈耐心地教育小玫说："同学们不听你的话，你觉得自己有做错的地方吗?"

"有，就是到教室的时间太晚了。""小玫，你知道吗，你来晚了就是做事没有责任心的表现。当了班干部就要负起责任来，要比同学们来得早，要把老师交待的工作做好。这样才像当班长的样子。"经过这次谈话后,小玫去上学时再也不磨蹭了,还协助老师把班级管得井井有条,在同学中也树立了威信。孩子进入学校之后,便融入了一个集体,在这个集体之中,会产生一些小干部,协助老师完成班级的一些事务。对于愿意不愿意孩子在班上当小干部,支持不支持孩子多为班集体做事情,大多数家长的态度是积极的。也有的家长不愿意孩子在班上当干部、多做事情,怕孩子太辛苦;另有一些家长觉得孩子当干部为集体做事情都可以,但不能耽误孩子的学习,不能傻干。

马克思有一段名言:"只有在集体中,个性才能获得全面发展其才能的手段。""一个人的发展取决于和他直接或间接进行交往的其他一切人的发展。"这很明确地告诉我们,人的发展离不开交往,离不开集体,集体是人全面发展的最有利的环境。一个人总是属于大大小小的集体的,割开个体与集体的联系,人就像离开水的鱼,不能生存,更谈不上发展。谁与集体的融合度高,谁是集体的真正主人,谁就会得到最好的发展。因此,让孩子成为集体中的积极分子,既有利于集体的发展,也有利于孩子的进步。

心海导航

彩彩是三年级一班的班长,这天她回到家里对妈妈讲起班上有两个男同学打架的事。妈妈听她把事情的前因后果说了,不动声色地问她:"你一直在旁边看,你觉得作为班干部你该干点什么?"

彩彩愣了一下说:"啊,如果再有这种事发生我会努力把他俩分开,劝他们不要打架。""那你为什么要这样做呢?""因为我是班长,我要做一个有责任心的班干部。"听完彩彩的话后,妈妈满意地笑了,看来,责任感已经在彩彩心中慢慢生根发芽了。

有一位小女孩在座谈会上说:"星期六,我组织我们小队的同学自带工具去班上大扫除,妈妈叫住我,对我说:'你干吗这么积极?干活悠着点。'"爱女之心可以理解,但这位家长的指导思想有问题。

我们应该想一想,孩子生活、学习在班集体中,与集体是什么关系?是融合在集体中做集体的主人,还是只做一个"随行"成员呢?有些家长的想法比较简单,孩子在班上,无非上课、开会、做值日,好好上课;参加开会,按要求做值日就行了;关键是学习要好,对集体积极不积极无所谓。实际上并不如此简单,一个人在集体中,会发生各种各样的人际关系,会关心集体的目标、纪律、风气,会产生集体荣誉感或耻辱感。在集体中的每一个时刻,都会有各种各样的情绪反应,这是客观规律。一个人对集体的投入程度,与他的身心发展密切相关,在集体中,只顾自己的游离状态是非常难受的。

责任感是从一点一滴的小事情上培养的,孩子认真写好每一个字,认真完成每一项作业,认真改正每一道错题,这也是责任感的体现。如果发现孩子字迹很乱,说明学习态度有问题。字写好了,作业本干净整齐了,学习态度端正了,作业的正确率自然就提高了。可见认真的学习态度正是学生责任感的体现。

父母必读

※ 家长要真正关心孩子所在的集体。经常了解班集体的情况,跟孩子一起讨论班上的各种问题,有时候还需要跟班主任老师交换意见。

※ 家长应支持孩子当班干部或承担一定的集体责任。职务不论大小,责任不论轻重,都对培养孩子的主人公精神有好处,而且能培养孩子的多种能力。

※ 孩子在班上的处境总有有利的时候和不利的时候,或者因为人际关系问题,或者因为活动角色问题,或者因为表扬批评问题,或者因为学习成绩问题,都会带来处境变化、情况变化。

※ 家长应注意了解孩子在班上的处境,特别是孩子的情绪反应,及时给予指导。

细节61

积极引导孩子处理好与同学的关系

身边故事

方舟是小学一年级的孩子，这几天，妈妈发现小方舟总是一个人上学，一个人回家。妈妈去学校看了几次，发现下课后，别的同学三个一群、五个一伙地嬉闹，小方舟并不参与，只是一个人玩。

妈妈担心了，孩子再这样下去，怎么和同学相处，怎么融入班集体呢？

小方舟回家后，妈妈细问原因，原来是上次自己一句无心的话"惹的祸"。上次方舟和洛洛一起玩，结果不知道什么原因两个孩子打起架来。妈妈拉回方舟，方舟不服气，说："洛洛坏，抢我的橡皮！"妈妈哄他："以后不和洛洛玩了！"

专家解析

孩子之间吵嘴、打架总是难免的，家长应作好调解工作，积极引导孩子处理好同学的关系。在处理问题之前应该问明情况，弄清是非，并告诉孩子哪里不对。如果是自己的孩子错了，一定要让自己的孩子向对方道歉。如果是对方错了，则应要求自己的孩子谅解对方。家长这样处理问题，不仅能帮助孩子明辨是非，还能促进孩子文明礼貌习惯的形成。另外，与同伴交往的过程中，孩子的性格得到进一步的完善，有利于责任感的培养。

在学校，孩子之间打架之类的不友好现象时有发生。孩子进入学校，就意味着开始独立地进入社会群体。孩子的个性就是按照自己的兴趣和爱好去从事某

项活动,从中享受到喜悦和快乐。爱玩、会玩是孩子健康成长的重要条件,在玩的过程中,孩子之间难免会产生摩擦,发生争执。

当父母发现自己的孩子与同伴之间发生矛盾时,一方面要教育孩子打人是不文明、不礼貌的行为,同时也要教给孩子一些与人交往的技巧,如:相互关心、相互爱护,学会原谅别人的错误等。但更好的方法是让孩子自己来解决问题,当出现争执、闹别扭时,不要马上出面干预,而是要本着让孩子自己解决问题的态度进一步观察,因为孩子只有在自己亲自处理和其他孩子发生纠纷的过程中,才能学会人际交往的本领。孩子之间的争执是儿童交往的一种调味剂,在争论中,孩子会慢慢体会与人相处的一些基本道理,如友好相处、公平竞争等,也由此学会如何去面对一些小小的挫折。所以,孩子自己可以解决的问题,父母不宜干涉。

当然,父母还应该留心事情的发展和结果,如果孩子对这件事处理得很公正,应及时给予肯定。父母要借这个机会帮助孩子辨清是非,并让孩子懂得,不能纵容野蛮地攻击别人的行为,同时要注意帮助那些性格懦弱、对别人的攻击一味退缩的孩子,树立起勇敢、坚强的品格。

心海导航

有些家长对这些问题采取极端的处理方法,如"他打你你就打他",鼓励孩子去和别人打架,认为这样是培养孩子的竞争意识;还有的家长认为别的孩子不好,就限制自己的孩子与其交往,这都不是正确的解决方法。前者会使孩子滋长不良的行为习惯,后者则使孩子丧失了锻炼交往能力的机会。

家长首先应该明白活泼好动的孩子在一起玩耍、游戏时,发生一些矛盾是难免的,家长不要把小问题当成大问题,更不能把孩子之间的争执等同于成人之间的矛盾。

对待孩子之间的争执,家长应持冷静的态度,理智地进行处理,应该从培养孩子健康人格的角度处理,无论谁是谁非,对孩子都要采取多鼓励少责骂的方法。如果是自己的孩子不对,不能偏心袒护,更不能粗暴打骂,而要批评教育,让孩子认识到自己的错误,当面给被伤害的小朋友道歉,教育孩子做一个团结友爱、有礼貌、勇于承担责任、知错能改的好孩子;如果是自己的孩子受了委屈,也要认真分析实情,家长应该肯定孩子的行为:"你是对的,你文明、有道理,你比他做得好,我为你自豪,他虽然打了你,他也很后悔,老师也批评了他,我们不生气,原谅他。"家长的肯定,可以让孩子丢掉委屈情绪,产生自豪感。这种自豪感对性格懦弱胆小的孩子来说,尤其重要。

当然,家长平时应教给孩子一些自我保护的方法,告诉孩子,哭不但解决不了问题,还会被认为是胆小怯懦的表现。当别人打过来时,要知道用手去挡开,或者避开,不能呆在那里让人打,还要及时将这一情况告诉老师,在该争的时候要去争,特别是遇到一些有害于小朋友、危害集体的事情,要勇敢地站出来敢于制止,必要时还要还手。

孩子需要家长长期耐心地进行指导,坚持一贯性原则。孩子之间的不友好行为是幼儿成长阶段的正常现象,家长对此都要有正确认识,用正确的方法加以引导,以促进孩子社交能力的发展。

父母必读

※ 孩子合群的个性是通过与别人的接触交往慢慢形成的,在他不断地成长过程中,家长应该给他与人交往的机会,教会他与人交往的方法,比如把玩具借给别人玩等。另外,和别人打招呼等方法都是促成他未来合群的方法。

※ 在生活中一个孩子不小心误伤到另一个孩子是很正常的事情,家长首先要端正自己的态度,不要因为自己的孩子受了委屈就愤愤不平。面对"惹祸"的孩子,家长要听孩子的解释,不要责怪孩子,更不能打骂,而是要及时进行安全教育,让孩子以后多加注意,多加小心。

※ 孩子间出现争吵和打闹应该慎重对待。家长不能强迫年长的孩子让着年幼的孩子,这样年长的孩子就会觉得不公平。家长要弄清事情的前因后果,让孩子自己想个折中的办法来解决。在问题解决后要及时向孩子讲明道理,无论什

么事情，都应该相互照顾，不能只顾着自己，不顾别人。

※ 做家长的不要当着自己孩子的面说别人家的孩子哪里不好。当孩子之间发生争执和"战争"时，家长要认真地教育自己的子女，妥善处理孩子的纠纷，切不可感情用事或护短，这样才能使孩子的身心健康成长。

细节 62

尽量不要介入孩子之间的纠纷

身边故事

琼斯上一年级时，每天在上学的路上都能遇到一个三年级的学生，他让琼斯把自己的汉堡拱手让给他。

因为琼斯的妈妈做的汉堡美味可口，那个学生想白吃这样的美食。他比琼斯大两岁，琼斯不敢不给他。

这样过了两个多星期以后，琼斯才告诉妈妈他已经有一段时间没有吃到自己的午餐了。

妈妈简妮特弄清楚事情的前因后果后，第二天早晨，照常烹制了一个美味儿的汉堡，但是在面包和火腿之间，夹了一张 3.5 美元的收据，上面写着那个孩子的姓名和住址。

没想到，这一招还真管用了，从那以后，那个大孩子再也不敢欺负琼斯了。

专家解析

父母最难过的事情之一，就是怕孩子在与同伴交往中吃亏，因此，教孩子

"打回去"是很多家长教育孩子的观念。诚然,在竞争社会,教孩子学会反击是非常必要的。

但是,孩子还小,他们没有大人这么理性,在一起玩,刚刚还热热闹闹、亲亲热热的,可不一会儿就会闹矛盾。由于孩子们都不太善言语,往往争执没几句就直接用"武力"解决问题了。

对待孩子与同伴交往时常出现矛盾的问题,家长要认真对待,在适当的时候给孩子一些建议并教孩子一些方法。

因为孩子将来面对的是一个竞争社会,如果事事都教孩子宽容退让,容易造成他软弱怯懦的个性,无法做到自强自立。

如果孩子经常受欺负,起码可以说明一点:他的交往方式有问题,这对于孩子的成长是不利的。应该首先从自己孩子身上找到问题的症结,帮他调整与同伴交往的策略,比如礼貌、协商、主动关心等,决不能强行要求他"打回去"。因为孩子本身对交往就有畏缩心理,万一动了手也"打不回去",他的心理压力就更大,交往也就更不自如了。要从孩子身上找到问题的症结,教给他正确的交往策略。家长要从爱的角度出发,正面教育,正确引导,让孩子学会宽容对人。

一般来说,孩子平时所受的欺负,无非就是被小朋友推了一把,如果没有严重的伤害,父母完全没必要大惊小怪,更不应该用"打回去"的方式进行反面强化。我们可以抓住这样的事例对孩子进行适时的引导教育,让他体会到这种行为会对别人造成伤害,是大家都不喜欢的,小朋友应该团结友爱,和气相处。

我的观点是,首先要从培养孩子的爱心出发,尽可能地去淡化人与人之间的"敌意",教孩子宽容待人。

其次,当孩子与同学产生纠纷时,家长不应鼓励孩子以暴制暴,应冷静对待,弄清事情发生的缘由,教给孩子解决的方法和与人相处的策略。

孩子之间产生了纠纷,让孩子自己去解决,这样可以让他们在实践中逐渐积累生活经验,除非孩子解决不了求助家长。一般情况下,家长不宜介入,使孩子与同学之间的矛盾激化,不利于孩子以后与同学相处。

心海导航

对于孩子间一般性的欺负行为,都应采取大事化小、息事宁人的态度。能够把大事化小就是一种处事能力,完全不必用暴力去抗衡,应该把心思花在学习和能力的提高上。

未来的社会将更看重合作与团队精神,孩子如果无法好好处理与身边同学的关系,将来步入社会,在社交活动中,必存在一定的缺陷。一个没有朋友的人,要想取得事业上的成功,无疑困难重重,甚至根本不可能。

孩子间的打闹争斗是平常事,是他们交往过程中必然要经历的。孩子就是在今天吵明天好的过程中学会与人相处的,我们不能以成人的标准去衡量孩子的行为。父母应该有坦然的心态,顺其自然,相信孩子通过摸索实践,最终会找到交往的"度",达到心理上的平衡。

孩子不懂事,父母或老师应该帮助他们明辨是非。

妈妈们关心自己的孩子,眼睛只盯在吃亏不吃亏上面,把孩子受了某个小伙伴欺负又和这小伙伴玩的这种"没记性"归结为孩子笨、缺心眼。她们想:只要孩子不出去玩,永远也不会吃亏。并认为这就是保护,认为这就是母亲的舐犊之爱。

其实,父母忽略了一样很重要的东西,这就是孩子成长中最重要的东西——快乐!而快乐就在他们的游戏之中。

在孩子的游戏里,没有谁吃亏、谁占了便宜这一说,只要他们在游戏中得到了快乐,父母就不必大惊小怪。另外,即使孩子之间出现了打闹,父母也不要参与其中,因为,与此同时他们还在学习妥协、谈判、合作等与人相处的技能,这种学习,较之父母的百遍说教都要来得有效。

父母必读

※ 发现孩子受到欺负,父母应保持冷静和理智,事情往往会解决得更好。

※ 和孩子的朋友们交谈,告诉他们当你的孩子受到欺负时,你的感受。如果你的孩子的朋友知道了你的感受,他们会更乐于前来告诉你幼儿园或学校发生的事情。

※ 让孩子明白,如果他在某些方面与别人不一样,这没有什么关系。尽早地让孩子明白这一点,孩子会形成坚实的自我价值感,会认同自己,感到自己也同样值得尊重。

※ 父母应鼓励孩子向成人或朋友敞开心扉。尽管我们都希望孩子乐于与自己的父母交流、畅谈生活中发生的事,但有些孩子可能更愿意先向他人倾诉。这样,至少可以先把问题摆明,然后你就可以有机会和孩子讨论解决的办法。

※ 教孩子正确的交往技巧,学会以智慧和能力取胜,才是孩子立足于未来社会,并在竞争中获得成功的根本途径。在交往中,孩子既能成长,对责任感的强化也能起到一定作用。

细节 63

鼓励孩子当小·干部,让孩子主动承担
为同学服务的责任

身边故事

柳柳做事很细心,最近班干部改选,老师让她担任生活委员。妈妈担心柳柳做了班干部影响学习,想让她辞掉班干部的职务,一门心思扑在学习上。

爸爸不这么看,爸爸说:"这对孩子来说是一次锻炼的机会,孩子在担任班干部后,会努力提升自己,会起到给同学们带头的作用,会更加积极更加负责任,这是好事。"

专家解析

孩子当了班干部,表示她愿意为集体服务,证明了自己的能力与价值,这是自信的体现,说明她在有意识地锻炼自己的组织能力和交往能力;并且,通过做班级小干部可以增强自己的责任感,这是自觉的磨炼,是难能可贵的品质。如果孩子在做好班级小干部的同时,能够妥善安排时间,处理好学习与工作的关系,那将是对自己的一次挑战。

因此,家长这时应给予孩子充分的信任,并尊重她的选择。当然要提醒孩子在学校生活中注意方法,做好民主管理集体事务的工作;遇事多与老师和同学们协商解决,提高自己办事的能力和水平,尤其注意不要因为工作而影响自己的学习。因为,一个学习不好的班干部,工作时难以得到大家的信赖和支持。当前许多孩子在学校、家庭都缺乏责任意识,很让老师和家长着急。这时,您想过自己的原因与责任吗?升学、就业的压力使人们变得更加现实,心理也更加浮躁。许多大人眼里盯着钱,忙于生计,缺乏社会责任感。这种现象的存在淡化了青少年对责任的认识。

责任感无论对于国家、对于家庭,还是对于个人,都是诚信的基础、成功的基础。一个没有责任感的人是不可信任的,一个社会的公民若都没有责任感,这个社会则是一盘散沙,一个下一代没有责任感的国家也注定是没有希望的。孩子做班干部,不但可以培养自信心,还能培养责任感,让孩子学会合理安排时间,是利大于弊的。为社会和集体承担责任自古就是中华民族的美德,应该大力提倡,代代相传。

孩子在学校,主动承担为同学服务的责任,就是很好的锻炼。

人只有对自己负责任,才有可能对家庭、对事业、对国家负责。而孩子当小干部后,会学会选择,学会独立思考,学会承受挫折和不幸,学会竞争和合作,这是孩子生存的财富。学会对自己负责,对家庭负责,对国家负责,这种责任意识是一个人走向成功的坚实基础。

孩子慢慢长大,他们有满腔的热情,渴望成长,渴望独立,渴望能够为家庭、为班级、为社会承担一定的责任,作出自己的贡献。这是孩子独立意识的觉醒和升华时期,作为家长要支持并给予指导,为他们的终生发展打下坚实的基础。这才是真爱孩子。

心海导航

家长应该明白,集体主义与合理的个人利益并不矛盾,集体主义思想使人更好地发展;而个人主义却与集体主义对立,不关心集体的人,个人也难以健康发展。应该让孩子成为班集体的真正主人。

有的小学生当干部时间较长,他们在老师的表扬声中,在同学们的赞叹声和羡慕中能力越来越强,俨然是一名小老师。

心理学研究表明:任何学生都期望获得老师的关注和信任。信任是促进学习不断进步的内在动力。

家长要鼓励孩子,让他们尝试当小干部,让他们有锻炼能力的机会。学校有些活动邀请家长参加,家长一定要做积极分子;如因特殊情况不能参加,最好以书面的形式表明自己的想法、态度。凡是学校、班级召开家长会,开办家长学校,家长应准时到场,认真听报告,需要发言时积极发言。有时候,班集体开展活动,需要家长在人力、物力上给予支持时,家长应尽力。家长的这些做法会使孩子感到"我们家与班集体心连心"。

孩子当干部,家长也光荣,在充满竞争的社会,学生的自我表现意识也空前强烈,主要反映在主动要求当干部的积极性上。

信任是孩子高层次的需要,只有信任孩子,才更易激励孩子,保护孩子稚嫩的自信心和自尊心。鼓励孩子,让孩子在各项事务中得到锻炼和成长,使之拥有成功的喜悦和成就感,并激发其工作热情,在参与和表现中积累经验,提高自身的能力和适应性。

孩子当选小干部后,能增强他们的自信心,战胜自卑心理。家长应根据孩子

自身的行为特点,因势利导,引导孩子强化其优良品质,使他们不断进步,挺起胸膛走路。

父母必读

※ 有的孩子不是班干部,连小组长也不是,可以让孩子主动找老师,请求安排一项力所能及的任务。在完成任务过程中,孩子会有积极的情绪体验。实在没有合适职务的,应鼓励孩子在每次班级活动中做积极分子,完成自己的任务——发言、表演、布置会场、准备东西——不做看客。

※ 孩子当班干部后,家长可以给予指导,提些建议等,让孩子感受到家长的关注,让孩子在办好事情后享受成就感。

※ 孩子年龄小,主观色彩浓,家长要了解情况,帮助孩子作出客观的分析、判断,既看到有利因素,也看到不利因素;指导孩子胜不骄、败不馁,学会控制自己,发展有利处境,扭转不利处境。

※ 人是社会人,要生存、发展,就离不开与社会其他人的交往和友好合作,因此必须及早培养儿童的合作能力,培养孩子的合作精神。

细节64

教育孩子从小·养成遵守社会公德的良好品质

身边故事

二年级的源源周末和妈妈一起坐公共汽车去看望姥姥,一上车,妈妈看到一个座位,忙让源源坐了下来。源源坐下后,看到一位年迈的婆婆上车来了,这时,车上已经没有空位,源源站起来,想招呼这位婆婆坐他的座位。身边的妈妈

看到源源的动作,将源源肩头一按,又把他的头往车窗外一拧:"用得着你管吗?管好自己就行了。"源源一怔,被妈妈按得重新坐下去。

专家解析

上文中源源妈妈不希望源源让座的本意可能是太心疼自己的孩子了。可孩子的爱心是很珍贵的,父母却在爱心萌芽时终止了它。事情看起来很小,但却可能有潜在而长远的影响,甚至会让孩子的人格发生扭曲。

一个没有爱心,甚至连基本的社会公德也没有的孩子,是不会有责任感的。

近些年,由于市场大潮的冲击,由于教育上的不力,有的人道德滑坡,人们的道德价值观出现了一些混乱现象,道德评价标准失衡。遵守社会公德在一些人眼里变得不值得重视,甚至会认为讲公德吃亏;自私自利的行为变得不臭,甚至成为某些人做人的行为准则。社会上产生这种糊涂观念的人不少,也影响了儿童和青少年。

我们一起思考一下这个问题:自古以来,任何一个国家都有社会公德来维护民族团结、社会安定,促进社会进步。一旦社会公德被破坏,必然导致人们行为失范、社会混乱,最终受害的还是老百姓。遵守社会公德是利国、利民、利己的好事。如果认为讲公德吃亏,大家都只顾自己,吃亏的将是所有的人,也包括自己。比如,在一个居民小区里,你也乱倒垃圾,我也乱倒垃圾,弄得臭气熏天,蚊蝇滋生,闻臭味的是所有的住户,带着细菌、病毒的蚊蝇也不会选择窗户。如果大家都保护环境卫生,受益的是每家每户;如果有一家只顾自己,这家就成了害群之马。此外,我们还应想到,一个人如果从小自私自利,只顾自己,不顾社会,不顾他人,这个人能在社会上立足吗?哪个群体欢迎这样的人?凡是有人群的地方,对自私自利的人都嗤之以鼻。在学校里,自私自利的学生在班集体中处境十分尴尬。对于个人来说,是否讲社会公德,关系到他是否能建立良好的人际关系,是否能获得满意的社会角色地位,从而必然影响他的身心发展和事业发展。因此,必须教育孩子从小养成遵守社会公德的良好品质。

心海导航

社会公德的主要内容是什么?家长在教育孩子遵守社会公德时应注意哪些问题呢?

从 20 世纪 50 年代开始,一代又一代的中小学生都接受过以"五爱"教育为主要内容的道德教育。1982 年,全国人大通过的《中华人民共和国宪法》把"五爱"表述为:"国家提倡爱祖国、爱人民、爱劳动、爱科学、爱社会主义的公德。"1986 年党的十二届六中全会通过的《关于社会主义精神文明建设指导方针的决议》中再一次重申:"社会主义道德建设的基本要求,是爱祖国、爱人民、爱劳动、爱科学、爱社会主义。"而且要求:"五爱"在社会生活的各个方面体现出来,包括在"家庭内部和邻里之间"也要体现出来。这说明对孩子进行"五爱"教育是所有的家庭义不容辞的责任。家长在对孩子进行"五爱"教育中应该注意把情感教育与理性教育结合起来。

"五爱",突出的是一个"爱"字,有了爱才会在言行中表现出公德品质。可是爱不是无源之水,无本之木,必须建立在大量感性知识和理性知识的基础之上,正所谓"知之深,爱之切"。比如爱祖国的教育,离不开祖国的大好河山,离不开祖国的悠久历史,离不开改革开放以来的伟大成就。家长在教育中,要把自己的所见所闻、切身感受充满感情地讲给孩子,而且要鼓励孩子知道得更多,认识得更深。

"五爱"是一个紧密联系的整体,在教育中要重视这种联系,提高教育实效。

当我们和孩子一起畅谈香港回归、澳门回归、祖国统一、大京九铁路、三峡工程、航天事业成就时,"五爱"的内容都渗透在里边。只要家长在交谈中加以点拨,孩子的认识就会提高,情感也会加深。

当然,孩子年龄不同,教育内容和形式应该有所区别。小学三年级以下的孩子,需要直观、形象、生动的教育。三年级以后的学生喜欢走得更远,接触实际更多,而且开始对"字书"感兴趣。孩子越大,感情越丰富,渴望实践,对富有哲理的名言、警句有偏好。家长对孩子的教育必须充分重视孩子的年龄特点,选择合适

的内容和方式。

另外，还要教育孩子遵守公共生活规则。公共生活规则是社会生活必需的、最简单、最起码的公德要求。只要培养起公德意识，在生活中实际做到并不难，而许多人走上邪路往往是从不讲公德开始的。

培养孩子要像爱护自己的东西一样对待公共财物。教育孩子在外边要爱护公共设施，保护文物古迹，不乱写乱刻。跟孩子一起外出时，对那些破坏文物的现象要表示义愤，进行分析批评，不能无动于衷。教育孩子在学校要爱护桌椅、教学器械、体育器材，积极参加维修桌椅等劳动。

培养孩子的社会公德，教导孩子关心公益事业。公益事业有固定性和非固定性的。"希望工程"、社会福利活动、"春蕾计划"（救助失学儿童）等，是相对固定的公益事业；为患病的人募捐、支援灾民、救助遭受不幸的家庭等，是非固定的公益事业。家长要与孩子一起为公益事业做力所能及的事情，要以我们的善良与同情心熏陶孩子，使他们从小有一颗美好的心灵。如果对公益事业采取"事不关己，高高挂起"，采取不闻不问的态度，将会在孩子的心里埋下不良的种子。

家长都期望年轻一代成为文明、善良、有高尚公德的人，那么就要从现在做起，从我做起，从每个家庭做起。

父母必读

※ 遵守公共秩序。教育孩子在公共场所自觉遵守各种规章制度和纪律。在影剧院、体育场、公园、图书馆、商店、公共电汽车上，一定按规定办事，不为个人利益破坏规定。尤其是看到有人破坏规定时，不要出于从众心理也跟着去做，应该劝阻那些违规的人。

※ 维护公共场所卫生，保护环境。现在，有些人不讲公德，随地吐痰，乱扔纸屑烟头，乱泼脏水，甚至公然破坏环卫设施。要教育孩子分清是非，绝不能做这种不文明、不道德的事情。当发现孩子出现这方面缺点时，要及时指出并立即纠正。教育并支持孩子积极参加大扫除和保护环境的各种公益活动；有机会时跟孩

子一起参加,对孩子最有教育作用。

※ 关心公益事业。关心公益事业的最基本表现是助人为乐。助人为乐是出于单纯的善良动机,而不是为了受表扬。社会上许多助人为乐的人都是不留姓名的,应教育孩子向他们学习。

细节 65

从小·培养孩子对祖国的责任感

身边故事

在加拿大,通常情况下,老师列出作文题目,一般会要求学生在一周内完成,学生可以去图书馆查阅资料、翻阅报纸、上网搜集资料,之后互相讨论并完善观点。据邻居家孩子介绍,他们班有一位残疾孩子,这次作文得到了老师的表扬。他站在自己的角度,用自己的目光,通过自己的感受,写了一篇名为《战争带给儿童的灾难》的文章。在文章中,他没有写战争的双方谁对谁错、谁是正义一方等惯常思维性的东西,他只是把从电视里看到的有关战争的残酷画面,以及从报纸上读到的战争带给伊拉克儿童的悲惨命运,像缺衣少食、无家可归、不能上学,等等,写进了文章中。他认为,这些都是战争带给儿童的灾难,最后他呼吁:停止战争!

专家解析

广西富川有一位名叫周之金的 17 岁中学生,多次写信给党和国家领导人,对国内许多重大事务提出建议,这是一位很关心国家大事的少年。他喜欢看些老子、庄子、孔孟之类的古典文籍。他认为自己是中国人,深爱着中国,将会把自己

的一生献给中国,这种强烈的爱国精神实在是难能可贵。

孩子们能否健康成长,能否成为祖国未来合格的建设者?中国能否保住改革开放的成果,能否将改革继续进行下去?祖国振兴的重任是否可以依靠下一代的双肩来承担?泱泱大国能否真正屹立于世界的东方?

诗人们常用"启明星"、"灯塔"、"路标"比喻理想,说明理想在人生旅途中起着非常重要的作用。许多杰出人物也是在理想的感召下,克服重重困难,为理想奋斗,取得了卓越的成就。教育孩子从小就立下远大的志向,就可以激励他们在成长过程中自觉克服生活、学习上的困难,逐渐培养自己良好的意志品质。事实上,那些品学兼优的学生都有比较正确的人生目标,并努力向目标奋进。

父母勤奋、敬业,有责任感,孩子也就会认真对待学习和师长交给的事;父母善良,有正义感,孩子也就有爱心、同情心,其心灵也就有爱长驻,就会少些仇恨,少些冷漠。反之,父母不求上进,工作得过且过,不关心国家大事,对他人漠不关心,麻木不仁,整天沉迷于麻将,出入于各种娱乐场所,在这种影响下,孩子就不会有上进心、进取心,就不会成为一个关心国家大事、关心他人的人。

原则问题绝不让步,因为良好的行为习惯、健全的人格、顽强的意志品质都要靠平时点滴的积累、严格的要求才能养成。否则,无疑会放纵孩子,过分溺爱只会害了孩子。

"风声雨声读书声声声入耳,家事国事天下事事事关心。"当前在家长和教师中,存在着一些错误思想,认为学生只要好好读书,其他事情无关紧要,这种思想对孩子也有影响。一些学生认为关心国家大事是大人的事,与小孩子无关,这种想法是错误的。

国家兴亡匹夫有责。国家是我们每一个人安身立命的基础,国家的兴亡与每一个国民都是休戚相关的。

我们每一个人都要关心国家大事,对国家的建设提出有益的建议、意见。因为只有这样,国家、社会才能前进。每一个时代的兴盛都是与爱国报国的热潮分不开的,没有一代代仁人志士的前赴后继,我们就不会有今天的社会。

如果我们的国家人人都来关心国家大事，我们的民主进程就会加快，我们各个方面建设的速度就会加快。如果每一个人都来关心国事，腐败现象就会没有生存空间，伪劣假冒产品也会就此绝迹。如果每一个人都来关心国事，民生问题也会很快好起来，垄断行业的特权也会消失得无影无踪。人人都要做国家这棵大树的啄木鸟。

了解国家大事，可以知道党和国家对少年儿童的关怀和希望；可以了解先进人物的事迹，并向他们学习；可以开阔眼界，丰富知识。

少年儿童要胸怀祖国、放眼世界，从小关心国家大事。少年儿童是祖国的未来、国家的小主人，应从小培养他们对祖国的责任感，不能只看到眼皮底下的事，还要关心国家大事，把个人与祖国、人民联系起来。

父母必读

※ 孩子平时看电视，除了动画片、电视剧之外，建议孩子去看新闻节目。了解国家大事、世界大事，并与孩子讨论，鼓励孩子发表自己的看法。

※ 关心国事还要从小做起，从现在做起，从宏观着眼，从细微入手。"修身、齐家、治国、平天下"历来是有志之士的成就标准。

※ 教育孩子树立远大理想。

细节66

在孩子的心中播下爱国主义的种子

身边故事

革命先烈夏明翰在小时候受到过家长很好的爱国主义教育。他上小学时，有一次随母亲乘船从武汉到九江去，长江上外轮很多，气势汹汹。母亲让夏明翰

根据眼前情景吟一首诗。他思索片刻，高声朗诵道："洋船水上漂，洋旗空中飘，洋人逞淫威，国耻恨难消。"诗虽稚嫩，但感情充沛。家庭教育在他心中播下了爱国主义的种子，促使他后来发奋读书，走上为国为民的人生之路。

专家解析

爱国主义是中华民族的精神支柱，抵御外来侵略，推动社会进步，爱国主义是强大的精神动力。没有爱国主义，就没有中华民族的过去、今天和未来。人们都会背诵"天下兴亡，匹夫有责"的名言，人们都会讲"精忠报国"的故事，爱国主义精神在大多数国民的心里扎了根。但是，我们不能忘记，爱国主义精神要一代一代传下去，每位家长都有不可推卸的责任。

有的家长认为，进行爱国主义教育主要是学校的任务，这种想法是不妥的。学校对学生进行大量的爱国主义教育是毫无疑问的，如果家庭不积极配合，效果就不理想。因为家庭对孩子进行爱国主义教育有自身的优势。家长与孩子的亲缘关系有利于对孩子进行情感熏陶，家长与孩子的共同生活有利于抓住各种教育契机。

岳母刺字的故事流传甚广，岳飞精忠报国的情怀是良好家庭教育的结晶。

我们觉得培养孩子的爱国之心是培养孩子健全人格的基石，一个没有爱国之心的孩子，将来很难成为栋梁之材。

现在，家长普遍看重子女的学习，按说这是好事，但有的家长进入了误区：眼光短，讲实惠。他们抓孩子的学习往往只是为了让孩子上大学，谋个差事，日后舒服些，而没从为国家培养人才的角度去着眼，结果不少孩子成人后缺少的正是爱国这根弦。列宁说过："爱国主义就是千百年来巩固起来的对自己祖国的一种最深厚的感情。"这种感情是民族的精神支柱，也是有志于为中华崛起而读书的青少年学子的动力。

不可否认，现在有些孩子确实有不劳而获、坐享其成的思想和行为。这些行为的形成在很大程度上是因父母"补偿心态"过重，一味对孩子迁就、溺爱造成

的。因此,家长必须纠正不良的教育方法,从为祖国培养人才的角度来培养孩子。

改革开放把国门打开了,同时也把家门打开了。此时此刻,每一个做家长的,更应加倍关注对孩子的爱国主义教育。家长要多向孩子灌输些中国悠久的历史和文化常识,激发孩子的民族自尊心、民族责任感。要让孩子明白,当国家尊严需要维护时,应挺身而出,甚至流血牺牲;平时要勤奋学习,努力工作,为国争光。当孩子提到社会上的一些不良现象时,家长要帮助他们分清主流和支流,可以告诉孩子:中国犹如正在成长的巨人,健全的肌体也难免患病,甚至长出"毒瘤",只要用正确的方法给予医治,一定能恢复正常。家长还要多给孩子分析我国的国情,特别是所具备的优势,让他们知道我们之所以能安心地在学校读书,是因为国泰民安。

爱国是人之本性,前辈人几代奋斗,汗水流尽,鲜血淌干,才找到了希望的种子。使中华腾飞这一重担,必将落在下一代的肩上。为了让他们将来能承担大任,必须对孩子进行健全人格、坚强毅力的教育。

心海导航

一位小学生看见一位外国人随手将手中的 5 分硬币扔掉。这个孩子马上要求外人国拣起来,因为硬币上有中国的国徽。正是强烈的民族自尊使这位小学生懂得要维护国家的尊严。

儿子将要远赴英国去学习,父亲想为儿子买一面大型国旗让儿子挂在寝室内,用以提醒儿子时刻牢记自己的祖国,不管他以后走到天涯海角也要牢记自己永远是中国人,一言一行一举一动,都不能给祖国抹黑。酷暑天气,父亲领着儿子走了京城几家商场始终未能如愿。儿子出国后不久,父亲买到了国旗,托朋友带给儿子,总算了结了一桩心愿。这一言传身教的做法,值得家长们借鉴。

有的家长认为,孩子的爱国精神与学习没什么关系,只要把学习抓好,爱国主义教育什么时候进行都可以。这种认识也是片面的。我们不妨想想,一个

人不热爱自己的故乡,不热爱家乡的父老乡亲,不热爱养育自己的土地,不热爱自己的国家,他的身上是否缺少一种前进的动力?如果他只是为了得高分、受表扬、升大学、挣大钱而学习,能跟我们的时代与社会发展合拍吗?纵观历史,众多的志士仁人、科学家、艺术家、英雄模范,在他们的灵魂深处都有深厚的爱国主义情感,有远大的报国志向,如果不是这样,他们能够成就一番事业吗?爱国主义精神促使人"弃燕雀之小志,慕鸿鹄而高翔",只顾眼皮底下利益的人是达不到那种境界的。

父母平时应充分利用各种大众传媒对孩子进行爱国主义教育。中央和各地的电视台、广播电台都有爱国主义教育的专题节目,家长和孩子一起收看、收听,互相讲评,会有好的教育效果。近些年出了许多进行爱国主义教育的书籍,报刊上也有许多爱国主义的文章,应尽可能地利用起来,既增长知识,又提高思想境界,不但促进品德发展,也促进智力发展。

除了言传,身教的作用也不容忽视,父母应跟孩子一起参加爱国主义的实践活动。应积极参加抗灾救灾、扶危济困、希望工程、植树造林、保护环境、祖国统一等各种充满爱国主义精神的实践活动。家长要站得高些,看得远些,不要狭隘、"近视"。精力、经济的付出,会获得精神上丰富的收获。

在教育孩子的过程中,家长要随时注意自己的言行,不给孩子造成不良影响。家长出于某些原因,可能对国家、对社会有看法,甚至有些怨气,发表言论应注意场合、态度,免得在孩子心中留下不良的种子。

培养孩子的责任感,首先要树立正确的荣辱观,从心理层次上来说,要从培养孩子的仁爱心、责任心、同情心、羞耻心着手。

责任感,就是对社会的发展,对国家的繁荣富强,有一份责任;对于一个单位事业的发展,对于一个家庭的和睦、幸福,也要有一份责任。责任感的最高境界,就是传统美德倡导的"天下兴亡,匹夫有责"、"位卑未敢忘忧国"、"先天下之忧而忧,后天下之乐而乐"。责任感是形成正确荣辱观的心理基础。

热爱祖国是人类一种最纯洁、最高尚的情感。做家长的要让"爱国"这种崇高

神圣的感情在孩子的心灵中扎根,形成一种风尚,让民族责任感伴随着孩子成长。

父母必读

※ 爱国主义是思想道德教育的主旋律。要通过激情、明理、导行,让孩子养成热爱社会主义祖国的好思想、好风尚。

※ 从家庭角度来说,要让孩子多读爱国主义教育的书刊,经常讲一些爱国的故事,让孩子关注国家大事。

※ 要尊重国旗国歌,要引导孩子重视人格、国格。也可以讲家乡变化、家庭变化的事实,激发孩子爱祖国、爱家乡的情感。

※ 节假日时,父母不妨多带孩子参观爱国主义教育基地,游览祖国大好河山。学校组织集体参观爱国主义教育基地,家长要大力支持。还可以利用休息日,全家人一起去参观,能够看得更仔细,感受更深。

※ 有条件的家庭,应支持孩子或全家一起外出游览祖国的大好河山、名胜古迹,让美好的山水风物、历史文化积淀在孩子的心中。